Paul Duvivier

AVOCAT PRÈS LA COUR D'APPEL DE BRUXELLES

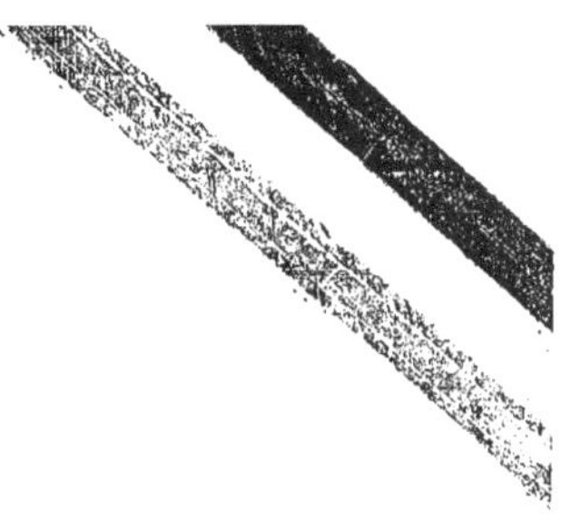

L'EXIL
du Comte Sieyès à Bruxelles

(1816-1830)

d'après des documents inédits

Avec quatre planches hors texte

MALINES
IMPRIMERIE E. & A. GODENNE, ÉDITEURS
[illegible], GRANDE PLACE

L'EXIL DU COMTE SIEYÈS A BRUXELLES

(1816-1830)

Il a été tiré de cette notice :

un exemplaire sur papier du Japon,
neuf exemplaires sur papier de Hollande
et quatre-vingt-dix exemplaires sur papier vélin.

Paul DUVIVIER
Avocat près la Cour d'appel de Bruxelles

L'EXIL
DU
Comte Sieyès à Bruxelles
(1816-1830)

D'APRÈS DES DOCUMENTS INÉDITS

Avec quatre planches hors texte

MALINES
L. et A. GODENNE, Imprimeurs-Editeurs
—
1910

L'exil du Comte Sieyès à Bruxelles

(1816-1830)

D'APRÈS DES DOCUMENTS INÉDITS

C'est par là qu'ont passé des hommes disparus!
(Victor Hugo, *Les Voix intérieures.*)

Il n'entre pas dans nos intentions d'écrire ou même de résumer en ces pages la vie publique de l'abbé Sieyès. Les grandes lignes de cette vie sont connues de tous, et, à ceux des lecteurs qui désireraient la relire, il nous suffira de renseigner deux monographies importantes du célèbre conventionnel, publiées récemment et qui n'ont laissé dans l'ombre aucune partie de sa carrière politique (1). La

(1) A. Bigeon, *Sieyès, l'homme, le constituant.* Paris, Henri Bécus, imprimeur-libraire, 5, rue Suger, sans date (1893).
Albéric Neton, *Sieyès (1748-1836), d'après des documents inédits.* Paris, librairie académique Didier, Perrin et Cie, libraires-éditeurs, 1900.

présente notice n'a pour objet que de raconter la dernière période de l'existence de Sieyès, généralement peu fouillée par ses biographes. C'est celle qui comprend les quinze années de son bannissement, qu'il passa en la ville de Bruxelles. Grâce à des recherches personnelles entreprises sur les lieux, nous avons pu rassembler, à cet égard, d'assez nombreux renseignements, dont la plupart étaient mal connus ou tombés dans l'oubli depuis longtemps. Nous avons essayé de fournir, à côté de chaque fait ou de chaque détail, le document authentique ou officiel, d'ordinaire inédit, qui le concerne particulièrement, — et nous espérons avoir ainsi, à défaut d'autre intérêt, donné au moins, et pour la première fois, un caractère de précision au récit du temps d'exil que subit l'illustre promoteur des constitutions révolutionnaires.

I

L'arrivée et l'installation à Bruxelles

Emmanuel-Joseph Sieyès, — le jeune abbé philosophe de Tréguier, le chanoine de Chartres, l'auteur de la fameuse brochure sur le *Tiers-Etat,* le constituant, le conventionnel, le député au Conseil des Cinq-Cents, l'ambassadeur de France à Berlin, le membre et le président du Directoire exécutif, le consul provisoire de la République, — avait vu finir son rôle politique actif à la suite du coup d'Etat de Brumaire. Après avoir aidé le général Bonaparte à s'emparer du pouvoir, il dut aussitôt s'effacer devant lui et perdit dès ce moment-là toute espérance de faire encore partie du gouvernement. Comme l'énonce un de ses biographes, en parlant des débuts du Consulat : « Un astre éblouissant se lève à l'Orient : la France, d'abord ravie, se courbe ensuite, se prosterne et l'adore. A l'Occident, à peine remarquée encore de quelques-uns, descend, pour bientôt disparaître, une étoile qui n'a pas été sans grandeur ! » (1)

Désormais, Sieyès, sans la moindre influence, n'est plus qu'un nom, qu'un personnage décoratif. Le Premier Consul, puis l'Empereur le comble de biens et d'honneurs. En compensation de la place de consul qui lui est enlevée, il obtient celle de président du Sénat conservateur. Il reçoit, à titre de récompense nationale et comme témoignage de la reconnaissance publique, la donation du château et de la terre de Crosne, en Seine-et-Oise. En 1804, il est nommé grand officier de la Légion d'honneur et membre de l'Académie française. Enfin, en 1808, Napoléon l'anoblit et le fait comte de l'Empire (2).

---

(1) Neton, ouvrage cité, pages 420-421.

(2) Voici un extrait des lettres patentes portant création du titre héréditaire de comte de l'Empire, données par l'Empereur à Bayonne, en mai 1808, et scellées par Cambacérès le 3 juin suivant : « ... Permettons à Notre cher et aimé ledit sieur Sieyès de se dire et qualifier *Comte de Notre Empire* dans tous actes et contrats, tant en jugements que dehors ; voulons qu'il soit reconnu partout en ladite qualité, qu'il jouisse des honneurs attachés à ce titre, après qu'il aura prêté le serment prescrit par l'article 37 du second statut du 1er mars 1808, devant celui ou ceux qui seraient par Nous délégués à cet effet ; qu'il puisse porter en tous lieux les armoiries telles qu'elles sont figurées aux présentes, *d'argent au pin de sinople terrassé de même, au quartier des comtes sénateurs à dextre, au canton à senestre d'azur chargé d'une tête de Borée cantonnée d'or, soufflant d'argent*, et, pour livrées, bleu, blanc, vert, dans les galons seulement ». (Bigeon, ouvrage cité, page 69).

L'éclipse, dès lors, est complète, et, jusqu'à la chute du régime, le comte SIEYÈS vit dans le silence d'une profonde retraite, ignoré de tous, ressassant sa vieille rancune contre l'Empereur. Aussi s'empressa-t-il, quand ce dernier s'apprêtait à signer, en 1814, son abdication, d'envoyer son adhésion aux délibérations du Sénat, qui avait voté « la déchéance de BONAPARTE et l'abolition de l'hérédité dans sa famille ».

S'il crut devoir approuver la Charte constitutionnelle octroyée par Louis XVIII, il faut ajouter qu'il se tint, sous la première Restauration, à l'écart des intrigues nouées autour du trône royal, et qu'il rejeta toutes les propositions qui lui furent faites, notamment celle d'entrer dans la nouvelle Chambre des Pairs.

Pendant les Cent-Jours, Napoléon le gratifia un des premiers d'un siège à la Chambre des Pairs impériale, où, d'ailleurs, le comte ne daigna point se montrer.

Cette ultime faveur entraîna sa condamnation à l'exil. En effet, outre l'acceptation d'une fonction de l' « usurpateur », SIEYÈS avait voté la mort de Louis XVI, sans appel et sans sursis (1). L'article 7 de la loi

(1) Lorsque l'appel nominal le toucha, le jeudi 17 janvier 1793, vers les neuf heures du matin, SIEYÈS se leva, monta à la tribune, parut s'interroger une dernière fois, et, d'une voix nette, au milieu du silence, il dit simplement, froidement : « *La mort* ». Il n'ajouta aucun mot, il n'essaya d'aucun discours pour justifier son vote, contrastant ainsi avec la plupart de ceux qui l'avaient précédé. Son vote prononcé, il retourna à sa place et se tut. Son laconisme, venant après les votes longuement motivés des représentants de la Gironde et de Paris, était bien fait pour surprendre. C'est ce qui fit dire aux spectateurs, — placés aux premiers rangs des tribunes et qui communiquaient, à ceux qui ne pouvaient les entendre, les votes successivement émis, — que SIEYÈS avait voté *la mort sans phrases*. Il n'avait, en effet, dit aucune phrase; il n'avait prononcé qu'un mot. Plus tard, le sens du commentaire de la foule s'altéra : il avait voté, sans phrases, *la mort;* il passa pour avoir voté *la mort sans phrases* — Ses ennemis exploitèrent cette facile confusion et firent de son vote laconique un mot atroce. SIEYÈS ne

d'amnistie du 12 janvier 1816 (1), dirigé contre les régicides relaps, lui devenait donc applicable, de sorte qu'il se trouva contraint, à l'âge de soixante-sept ans passés (2), d'abandonner sa patrie, sans conserver grand espoir d'y reparaître jamais.

Dans son livre sur SIEYÈS, M. Albéric NETON écrit que l'ex-abbé (3) eut d'abord l'intention de rester à Paris, nonobstant les prescriptions impératives de la loi, et qu'il ne se décida à partir qu'après avoir vu beaucoup de régicides quitter la France et s'installer à Bruxelles (4). C'est là une erreur évidente. Le comte

---

cessa de protester contre une pareille imputation. Le mot resta, il reste encore. Rien ne prévaut contre la légende; rien ne dure comme l'erreur! (NETON, ouvrage cité, page 211). — Voir aussi : *Archives parlementaires de 1787 à 1860*, première série (1787 à 1799), tome LVII, page 374. Paris, Paul DUPONT, éditeur, 1900.

(1) L'adoption de cette loi fit faire quelques rapprochements curieux. On remarqua que le résultat du premier recensement des votes des conventionnels qui avaient condamné Louis XVI, était de 366 voix, et que la Chambre des Députés, au nombre de 366 voix, avait condamné, le *jour des Rois*, les régicides au bannissement du royaume. On observa aussi que c'était VERGNIAUD, avocat de Bordeaux, président de la *Convention*, qui avait prononcé le jugement de mort contre Louis XVI, et que c'était LAISNÉ, avocat de Bordeaux, président de la Chambre des Députés, qui avait siégé lors du vote de la loi contre les régicides. (Voir l'*Oracle*, feuille quotidienne publiée à Bruxelles, nos 13 et 15, datés des 13 et 15 janvier 1816).

(2) Né à Fréjus (Provence, département du Var), le 3 mai 1748, il était le cinquième des sept enfants issus de l'union d'Honoré SIEYÈS, receveur des domaines et directeur des postes, et de dame Anne ANGLÈS, fille d'un tabellion estimé. Voici le texte de l'acte de baptême : « L'an mil sept cent quarante-huit, et le trois du mois de may, est né et a été baptisé par moy, vicaire soussigné, Emmanuel-Joseph SIEYÈS, fils de M. Honoré SIEYÈS et de demoiselle Anne ANGLÈS, mariés. Son parrain a été M. Joseph DE BORELY, seigneur DE SEILLANS et DE SAINT-JULIEN, et la marraine madame Catherine DE PERROT, dame DE SEILLANS et DE SAINT-JULIEN, margueillers de la confrérie du Saint-Sacrement; conjointement avec Me Charles TAXIL, notaire royal, et sieur Antoine DELPHIN, bourgeois, autres margueillers, qui ont signé. *(Signé)* SIEYÈS, SEILLANS-PERROT, SEILLANS, TAXIL, DELPHIN, VIANY, vicaire ». (NETON, ouvrage cité, page 15).

(3) Dès le début de la Révolution, il avait abdiqué la prêtrise et répudié le catholicisme; il ne portait plus que des vêtements civils.

(4) Ouvrage cité, pages 445-446.

SIEYÈS fut, si pas le premier, du moins l'un des premiers à gagner la Belgique. Il n'attendit même pas que les listes de proscription eussent été dressées (1). Dix jours s'étaient à peine écoulés depuis la promulgation des textes légaux, que déjà les journalistes bruxellois signalaient sa présence en leur ville, — alors que les autres bannis ne devaient y venir que plus tard, presque tous dans le courant du mois de février. Voici comment la presse annonça la nouvelle :

ROYAUME DES PAYS-BAS.

De Bruxelles, le 22 janvier.

M. SIEYÈS, qui fut de l'Assemblée constituante, de la Convention et membre du Directoire exécutif, vient d'arriver à Bruxelles (2).

PAYS-BAS.

Bruxelles, 23 janvier.

M. SIEYÈS, qui fut membre de la Convention et du Directoire exécutif, vient d'arriver ici (3).

Ainsi donc, il se hâta, au contraire, de fuir le territoire français. Et, chose notable, tout porte à croire

(1) Extrait de l'*Oracle*, n° 17, daté du mercredi 17 janvier 1816 : « FRANCE. — *De Paris, le 12 janvier.* — On vient de nommer une commission chargée de déterminer les individus qui, atteints comme régicides par la disposition de l'article 7 de la loi d'amnistie, seront bannis du royaume à perpétuité ».

(2) L'*Oracle*, n° 23, daté du mardi 23 janvier 1816.

(3) Le *Journal de la Belgique*, feuille quotidienne publiée à Bruxelles, n° 24, daté du mercredi 24 janvier 1816.

que le régicide choisit, pour effectuer son départ, — début d'un exil vengeur qui allait durer près de quinze années, — la date du 21 janvier, jour anniversaire de la mort de l'infortuné Louis XVI (1) ! — Mais il ne nous appartient point de prendre parti contre l'un ou l'autre des adversaires dans cette terrible querelle. Bornons-nous à dire, avec le poète :

La justice du Roi sur terre est satisfaite;
La justice de Dieu, dans le ciel, suit son cours (2).

Il n'a pas été possible de savoir où l'ancien directeur descendit en débarquant à Bruxelles. Il se logea sans doute provisoirement en quelque hôtel ou chez un ami. Quoi qu'il en soit, on le retrouve, au milieu de l'année 1817, établi dans une maison qui est désignée comme possédant le numéro 21 de la rue de l'Orangerie, entre les rues Ducale et de Louvain (3).

A quel titre SIEYÈS y demeurait-il? Si l'on interroge les registres du recensement de la population de Bruxelles auquel il fut procédé en 1816 (4), on voit que la maison sise rue de l'Orangerie, section sept, n° 21 (devenu, plus tard, le n° 19), était occupée, à cette époque, par une dame Marie-Louise CHAUVAIN, épouse MORET, rentière, née à Versailles, âgée de trente-six

(1) Le 20 janvier 1816, de solennelles cérémonies expiatoires eurent lieu dans l'église de l'abbaye de Saint-Denis et dans les autres églises et temples de France ; on y donna publiquement lecture du testament du feu Roi.

(2) Robert DE MONTESQUIOU, *Les Perles rouges (93 sonnets historiques).*

(3) Renseignement fourni par l'acte d'adjudication publique du 22 juillet 1817, cité plus loin.

(4) *Archives communales de la ville de Bruxelles.*

ans, catholique romaine, *locataire* de l'immeuble et résidant à Bruxelles depuis 1814. Elle y vivait avec deux servantes et une cuisinière, et sous-louait un appartement à un nommé Michel LAMBERT, douanier, né à Bruxelles, âgé de trente-deux ans, célibataire, catholique romain. Ces indications permettent donc de supposer que le comte avait repris, dans ladite habitation tenue par une de ses compatriotes, le logement laissé vacant par le départ du douanier LAMBERT.

Mais SIEYÈS prévit apparemment que son exil serait long. A l'exemple de CAMBACÉRÈS, il résolut bientôt d'acheter une maison, dans laquelle il pourrait se fixer définitivement et organiser sa vie selon ses goûts et ses habitudes, et où il finirait probablement ses jours. L'occasion qu'il cherchait n'ayant point tardé à se présenter, il devint propriétaire, le 22 juillet 1817, de l'immeuble situé à peu près en face du n° 21 où il séjournait, — immeuble coté alors n° 129, section septième, de la même rue de l'Orangerie.

* * *

Nous avons consulté les titres de propriété de cette maison et en avons extrait les détails qui suivent sur ses origines.

Aux termes d'une soumission datée du 4 mars 1781, et agréée, le 9 avril de ladite année, par Son Altesse le prince DE STAHREMBERG, les révérends abbé et chanoines réguliers de la noble abbaye de Sainte-Gertrude, à Louvain, s'étaient obligés : 1° à acquérir deux vastes terrains sis au Parc de la ville de Bruxelles, près de la

Cour des Comptes, et désignés sous les lettres *R. R. R.* et *S. S.* au plan terrestre joint à la soumission; et 2° à construire, sur ces terrains, des bâtiments conformes aux plans annexés à la même soumission. En conséquence, l'abbé et les chanoines firent alors édifier, sur le terrain coté *R. R. R.*, un grand hôtel destiné à servir de refuge à leur abbaye (1), par les soins du célèbre architecte Louis MONTOYER. Les frais de cette construction montèrent à la somme de 286,522 florins, 15 sols et 11 deniers, et la dépense épuisa tellement la caisse de l'abbaye, qu'en 1785 il lui était devenu impossible de trouver un solde de 23,462 florins qu'elle devait encore à l'architecte du chef de ses travaux. C'est pourquoi les religieux considérèrent qu'ils auraient plus d'avantage à délaisser l'autre terrain, visé sous les lettres *S. S.*, à celui qui consentirait à reprendre leur obligation d'y construire les bâtiments figurés sur les plans. L'amateur souhaité n'était pas loin, et, suivant un acte sous seing privé et sans date, le révérend abbé H.-G. VAN RENESSE céda le terrain dont s'agit au sieur MONTOYER, lequel s'empressa d'y faire élever à ses dépens les constructions voulues, à la pleine décharge des engagements assumés par l'abbaye. Ces constructions consistaient en quatre maisons de rentier

(1) « L'hôtel qui forme le coin de la rue de la Loi, vers la rue Ducale, fut bâti pour servir de refuge à l'abbaye noble de Sainte-Gertrude à Louvain; il s'étendait dans la rue Ducale jusqu'à la rue de l'Orangerie. Sous le règne du roi Guillaume, le ministère des Affaires étrangères y fut établi. Le prince DE LIGNE, qui l'acheta ensuite, l'abandonna après qu'il eut été pillé et saccagé dans la néfaste journée du 6 avril 1834, et le revendit à M. le sénateur ENGLER. » (HENNE et WAUTERS, *Histoire de la ville de Bruxelles*, tome III, page 345. Bruxelles, 1845). — Cet hôtel porte aujourd'hui les numéros 16 de la rue de la Loi et 2 de la rue Ducale, et est occupé par le ministère de la Justice.

qui avaient leurs façades principales à front d'une voie publique nouvellement ouverte et qu'on appela *rue de l'Orangerie* (1). Elles étaient les premières à gauche, passé l'hôtel de l'abbaye, quand on arrivait par la rue Ducale (2).

Après la mort de l'abbé, l'architecte MONTOYER exigea une ratification solennelle de la vente qui lui avait été consentie. Le 18 mars 1785, les régents et religieux de l'abbaye donnèrent procuration à leur proviseur, le sieur Joseph-Ernest GOUBEAU, aux fins de signer avec l'acheteur, aux conditions mentionnées dans le contrat manuel, l'acte authentique ayant pour objet de confirmer le transfert du terrain. Cet acte fut reçu, le 22 du même mois, par le notaire Jean-Jacques CATTOIR, de résidence à Bruxelles, et approuvé ensuite par un octroi du Conseil privé daté du 9 avril. Enfin, les parties réalisèrent la cession susdite aux termes d'un acte d'adhéritance dressé le 28 mai devant les échevins de Bruxelles.

Louis-Joseph MONTOYER, fils de François MONTOYER, était né à Mariemont, paroisse de Morlanwelz, en Hainaut. Il vint se fixer à Bruxelles, où il fut reçu bourgeois le 16 décembre 1778 et où il exerça la profes-

(1) « En 1782, le gouvernement vendit les terrains sur lesquels a été percée la *rue de l'Orangerie*, qui conduit de la rue Ducale à la rue de Louvain, en passant derrière les bâtiments de la rue de la Loi; elle a pris son nom de l'orangerie qui s'y trouvait. » (HENNE et WAUTERS, ouvrage cité, tome III, p. 346).

(2) « La partie de la rue Ducale qui s'étend depuis la rue de la Loi jusqu'à la porte de Louvain, fut pratiquée aux frais du gouvernement. Il s'en chargea par un accord en date du 28 juillet 1778. Elle reçut, en 1779, le nom de *rue du Concert-Noble (Edel-Concert straet)*, de la salle où une société de nobles donnait l'hiver des bals et des concerts. »(HENNE et WAUTERS, ouvrage cité, tome III, page 346).

sion d'architecte, dans laquelle il ne tarda pas à se distinguer. Il aida GUIMARD à construire le quartier du Parc, et devint l'architecte et le directeur des bâtiments de Leurs Altesses Royales. Marie-Christine et Albert-Casimir, gouverneurs généraux des Pays-Bas autrichiens. Ceux-ci lui confièrent l'exécution des travaux entrepris par leurs ordres, et c'est lui qui, notamment, éleva pour eux, de 1782 à 1784, de concert avec un architecte de Tournai, PAYEN, le château de Schoonenberg ou de Laeken, la future résidence impériale et royale. Cette époque fut celle de la grande vogue de MONTOYER, lequel s'occupa alors de plusieurs ouvrages importants, tels que l'achèvement des maisons de la place Royale, de l'église Saint-Jacques-sur-Coudenberg, à Bruxelles, etc., etc. Les événements politiques qui ne tardèrent pas à se produire vinrent entraver sa carrière; il s'éloigna pendant la Révolution brabançonne et ne reparut qu'après la rentrée des Autrichiens dans Bruxelles. Les deux invasions françaises de 1792 et de 1794 obligèrent MONTOYER à s'expatrier. Réfugié à Vienne, il y édifia de nombreuses constructions, tant dans la ville qu'aux environs, et fut nommé premier architecte de la cour de Sa Majesté l'empereur d'Autriche. Il mourut à Vienne, le 5 juin 1811 (1), délaissant, de son mariage avec Marie-Anne LISEN, deux enfants mineurs, Louis et Nicolas MONTOYER.

(1) La plupart des détails qui précèdent sont tirés de la *Biographie nationale* publiée par l'Académie royale de Belgique, tome quinzième, pages 203-205, v° *Montoyer*, article par Alphonse WAUTERS. Cet éminent historien commet toutefois une erreur, — qu'on retrouve dans presque toutes les biographies de l'architecte, — lorsqu'il énonce que celui-ci décéda à Vienne *vers l'an 1800*. La date exacte que nous donnons résulte de documents authentiques cités plus loin.

Comme le prouvent les divers renseignements qu'on va lire, la situation financière du défunt ne devait pas être fort brillante.

Suivant procurations passées à Vienne, le 5 juillet 1816, la dame veuve MONTOYER, agissant tant en nom personnel pour la conservation des droits qui lui compétaient ou pouvaient lui compéter, comme survivante, sur les biens de feu son époux, qu'à titre de mère et tutrice légale de ses enfants mineurs, et assistée, quant à ce, du sieur Antoine KELLERMANN, subrogé-tuteur desdits mineurs, — et, d'autre part, ce dernier, en sadite qualité, constituèrent le sieur Jacques-Louis VAN LINT, notaire à Bruxelles, à l'effet, entre autres, de vendre publiquement, et d'après les formes légales, les immeubles ayant appartenu à MONTOYER, et situés à Bruxelles et dans ses environs. Ensuite, par décret du 24 octobre 1816, adressé à la justice de paix du quatrième arrondissement de la ville de Bruxelles, le magistrat de Vienne, à la sollicitation de la tutrice et du subrogé-tuteur, consentit à la licitation des immeubles susdits et invita la justice de paix précitée à nommer, pour l'objet particulier de la vente, un tuteur *ad hoc*, aux fins de procéder à celle-ci et d'acquitter les dettes dont les biens étaient grevés. Conformément à cette réquisition, le conseil de famille, s'étant réuni à Bruxelles le 12 février 1817, sous la présidence du juge de paix du quatrième arrondissement, autorisa la vente et désigna comme tuteur *ad hoc* le sieur François-Henri DE VADDER, traducteur légal, demeurant à Molenbeek-Saint-Jean. Enfin, aux termes d'un jugement rendu le 7 mars 1817, le tribunal civil séant à Bruxelles homologua la délibération du conseil de famille et ordonna qu'il serait procédé à la licitation des propriétés litigieuses par le ministère de Me Daniel SACASAIN, notaire royal résidant à Bruxelles, par-devant le juge de paix susénoncé et en présence des mandataires des tuteur et subrogé-tuteur des mineurs MONTOYER.

* * *

C'est dans ces conditions que le notaire SACASAIN et son collègue dressèrent, le 4 juin 1817, à la requête des sieurs VAN LINT et DE VADDER, le cahier des charges, clauses et conditions de la vente publique prescrite. Les biens à liciter s'y trouvaient partagés en neuf lots. Les quatre premiers de ceux-ci étaient formés par les quatre maisons de la rue de l'Orangerie, les autres comprenaient plusieurs immeubles sis à Ixelles, le long du mur d'enceinte de la ville. Voici la reproduction du texte de l'une des annonces qui parurent dans les journaux de l'époque :

ROYAUME DES PAYS-BAS.

De Bruxelles, le 17 juillet.

. . . .

Vente publique de biens patrimoniaux, situés à Bruxelles et à Ixelles, dans les glacis.

Le notaire SACASAIN, à ce commis par le tribunal civil, séant à Bruxelles, vendra publiquement, au plus offrant et dernier enchérisseur, en la chambre des ventes par notaires, dans le local de la Bourse, place de la Monnaie :

Quatre belles maisons, sises à Bruxelles, rue de l'Orangerie, section 7, cotées nos 129, 131, 132 et 134, divisées en autant de lots.

Plus, plusieurs bâtimens non achevés, avec jardins, situés à Ixelles, dans les glacis entre les portes de Namur et de Louvain, et divisés en cinq lots, dont la carte figurative et la description exacte reposent, à l'inspection des amateurs, chez M. De Smet, charpentier, demeurant dans l'un de ces bâtimens.

La vente définitive de ces biens, qui devait avoir lieu le 15 juillet 1817, est ajournée au mardi 22 du même mois, à trois heures de relevée (1).

Nous n'avons à nous occuper ici d'une façon détaillée que du premier lot de l'adjudication. Il importe cependant d'ajouter quelques mots, sous un point de vue historique, au sujet des biens à vendre qui existaient sur le territoire d'Ixelles. En 1791, le gouvernement autrichien avait fait commencer, par les soins de Montoyer, la construction en cette commune, tout près de la porte de Namur, d'un bâtiment qui devait servir d'Académie militaire, c'est-à-dire d'école où la jeune noblesse étudiait l'escrime, les mathématiques et les autres éléments de l'art de la guerre. Les événements politiques empêchèrent l'achèvement de ce bâtiment, et les premières constructions restèrent abandonnées jusqu'en 1818. L'école devint plus tard l'Institut Gaggia, que remplaça ensuite le Collège de l'Union belge (2). — Montoyer avait acheté

(1) L'*Oracle*, no 199, vendredi 18 juillet 1817; no 200, samedi 19 juillet 1817; no 201, dimanche 20 juillet 18.7; et no 203, mardi 22 juillet 1817.

(2) Henne et Wauters, ouvrage cité, tome III, page 609; Alphonse Wauters, *Histoire des environs de Bruxelles*, tome III, page 285; *Biographie nationale*, vo *Montoyer*.

pour son propre compte, en 1792, 1793 et 1806, certains terrains avoisinants, et y avait entrepris l'édification de plusieurs maisons. Ce fut avec ces terrains et les bâtisses non terminées qui les couvraient, qu'on forma les cinq derniers lots de la licitation de 1817. Postérieurement, les acquéreurs de ces lots achevèrent les habitations, ce qui contribua au développement du faubourg de Namur, destiné à prendre, par la suite, une extension si extraordinaire.

Des *conditions générales* de la vente, insérées au cahier des charges, deux seulement peuvent présenter quelque intérêt. Il était stipulé que les acheteurs auraient à supporter les contributions foncières, des portes et fenêtres et autres, à partir du 1er juillet 1817, — et que les prix d'adjudication seraient payés aux créanciers de la succession.

La maison située rue de l'Orangerie, nº 129, constituant le premier lot (1), était décrite comme suit dans le même cahier des charges :

DÉSIGNATION DES BIENS.

Premier lot.

Un héritage situé à Bruxelles, rue de l'Orangerie, avec la maison y construite, la première à gauche en entrant par la rue Ducale, anciennement cotée nº 219[1], maintenant section sept, nº 129, distribuée comme suit :

Dans le souterrain vers la rue, une cuisine avec cuisinière

(1) Sa contenance superficielle totale s'élevait à deux ares et vingt-deux centiares.

et réchauds maçonnés, plus deux robinets, l'un donnant l'eau de fontaine, l'autre celle de pluie; vers la cour, deux caves.

Au rez-de-chaussée, un vestibule où se trouvent deux armoires, et un escalier courbe; vers la rue, un salon éclairé par deux croisées, avec armoire; vers la cour, deux places *(sic)*, éclairées l'une par deux croisées, dans laquelle il y a une armoire, l'autre par une croisée et par une porte vitrée, qui conduit à la cour; sur la cour, une remise, deux latrines et l'orifice des citernes construites sous la même cour.

A chacun des trois étages, deux chambres vers la rue, dont une à deux croisées et l'autre à une croisée, et, vers la cour, pareillement deux chambres éclairées comme celles vers la rue. Dans chacune des deux chambres vers la cour éclairées par deux croisées, au second et au troisième étages, se trouvent des armoires de chaque côté de la cheminée.

Le tout surmonté d'un grenier. Le tout couvert en ardoises.

Quant aux lots numéros deux, trois et quatre, c'étaient également des maisons de rentier, les troisième, quatrième et sixième à gauche en venant par la rue Ducale; elles possédaient chacune deux étages, un grenier et une cour, et avaient des dimensions plus réduites que le n° 129.

Le cahier des charges faisait connaître en ces termes la

DÉCLARATION DE LA PROPRIÉTÉ.

Les quatre maisons rue de l'Orangerie, formant les quatre premiers lots, furent bâties par le sieur Louis MONTOYER sur un terrain qu'il avait acquis de l'abbé de l'abbaye de Sainte-Gertrude, à Louvain, par acte de cession sous seing privé non daté, ratifié par le proviseur de la même abbaye, à ce autorisé par les religieux d'icelle ensuite de procuration sous seing privé en date du dix-huit mars dix-sept cent quatre-vingt-cinq, annexée, ainsi que l'acte de cession susrappelé, à celui d'agréation passé devant Maître Jean-Jacques CATTOIR, notaire à Bruxelles, présence témoins, le vingt-deux du même mois.

La cession de ce terrain en faveur du sieur MONTOYER fut aussi agréée au Conseil privé, ainsi qu'il résulte de l'octroi dépêché sous le grand scel de Sa Majesté le neuf avril de la même année, paraphé CRUMP. Vte, *(signé)* DE REUL, et la même cession fut réalisée, en faveur dudit sieur MONTOYER, par acte de messieurs les échevins de la ville de Bruxelles en date du vingt-huit mai suivant.

Parmi les *conditions particulières,* il convient de citer les deux articles ci-après :

Article 1er. — La maison cotée n° 129, formant le premier lot, est occupée sans bail par madame DOUGLAS (1), jusqu'au quatre novembre dix-huit cent dix-sept, quand l'acquéreur entrera en pleine et libre jouissance de cette maison et jusqu'à quand le loyer en est réservé au profit du vendeur.

. . . .

Article 4. — Les acquéreurs de ces quatre lots payeront la rétribution pour les eaux de la machine hydraulique à échoir le trente octobre de la présente année, et ainsi de suite, à raison de quatre francs cinquante-trois centimes par an et par lot, le tout sans déduction à leur prix d'achat.

(1) Il résulte des registres du recensement de la population de Bruxelles effectué en 1816, que la maison située en cette ville, rue de l'Orangerie, section sept, n°s 129 ancien et 113 nouveau, était habitée alors par : 1° DOUGLAS, Elisabeth, rentière, née à Edimbourg (Ecosse), âgée de soixante-treize ans, célibataire, de la religion réformée, locataire de l'immeuble, établie à Bruxelles depuis 1800; 2° NUTHINSON, Euphémie, servante, née à Edimbourg (Ecosse), âgée de dix-neuf ans, célibataire, de la religion réformée, établie à Bruxelles depuis 1816; et 3° GOBERT, Euphrosine-Josèphe, servante, née à Blaugies (arrondissement de Mons, Hainaut), âgée de trente-un ans, célibataire, catholique romaine, établie à Bruxelles depuis 1812. *(Archives communales de la ville de Bruxelles).*

A l'adjudication préparatoire, le mardi 1er juillet 1817, le premier lot fut crié à la somme de 35,000 francs, puis réduit à celle de 20,000 francs, et retenu à ce prix pour être crié lors de l'adjudication définitive.

Celle-ci avait été fixée au mardi 15 juillet, mais elle fut remise à huitaine, à raison d'une indisposition du notaire Van Lint.

Enfin, le mardi 22 juillet, à quatre heures de l'après-midi, en la chambre des ventes par notaires, au local de la Bourse, place de la Monnaie, eut lieu l'adjudication définitive, par-devant les représentants des vendeurs et le sieur Verschoot, juge de paix du quatrième arrondissement de Bruxelles. Et voici en quels termes le notaire Sacasain et son collègue, Me Antoine-Joseph Lecomartin, rédigèrent dans l'acte le procès-verbal constatant la cession du premier lot :

Ayant crié le premier lot à la somme de trente-cinq mille francs, prix auquel il a été retenu lors de l'adjudication préparatoire, et diminué à la somme de dix mille francs, est comparu monsieur le notaire Pierre-Joseph Coppyn, domicilié à Bruxelles, rue de l'Hôpital, section huit, no 571, lequel s'est déclaré amateur à ce prix et a enchéri jusqu'à dix-neuf mille francs; et, attendu que personne ne s'est présenté pour surenchérir davantage, ledit premier lot a été adjugé, à l'extinction des feux, audit notaire Coppyn, comme dernier enchérisseur, pour la prédite somme de dix-neuf mille francs, aux conditions qui précèdent, lequel a déclaré à l'instant d'avoir fait ledit achat pour et au profit de monsieur le comte Emmanuel-Joseph Sieyès, propriétaire, demeurant ci-devant à Paris, rue de la Madeleine, no 18, actuellement à Bruxelles, rue de l'Orangerie, section sept, no 21, ici aussi comparant et acceptant ledit achat à son profit, et ont les comparants signé, après lecture faite.

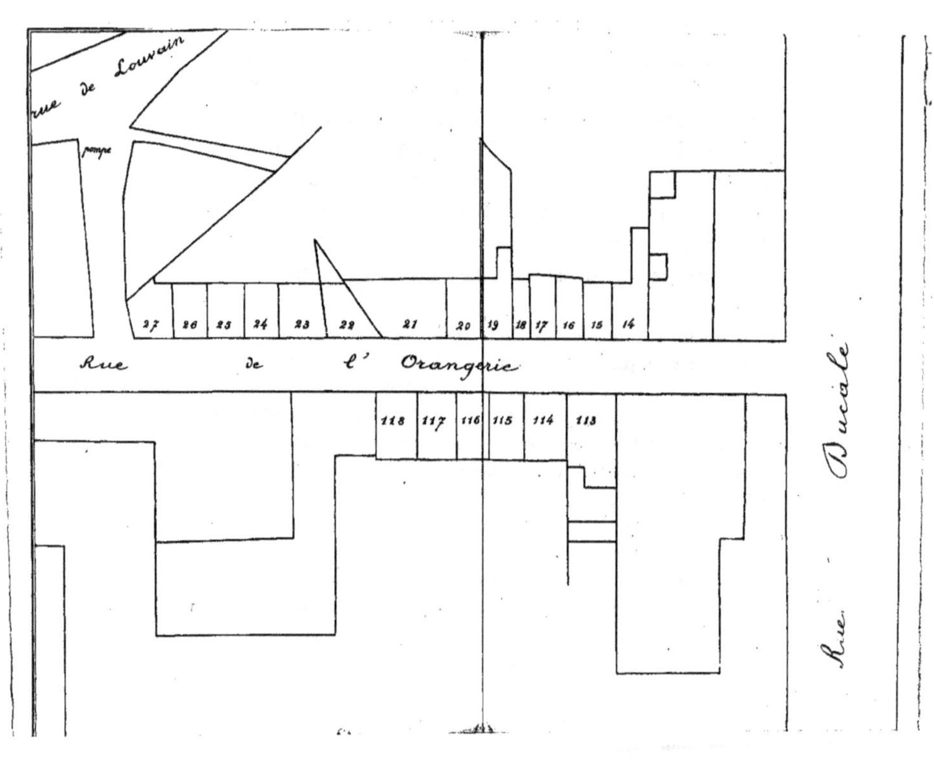
rue de Louvain
pompe
27
26
25
24
23
22
21
20
19
18
17
16
15
14
Rue de l' Orangerie
118
117
116
115
114
113
Rue Ducale

(Signé) E.-J. SIEYÈS, P.-J. COPPYN.

1er lot : 19,000 »; frais : 190 »; tante : 145 »; marc le franc : 79.48 = 19,414.48 (1).

Ce fut donc en cette demeure, plutôt modeste, que l'ex-membre du Directoire exécutif alla s'installer, après le 4 novembre 1817, c'est-à-dire lorsque la demoiselle DOUGLAS eut achevé le terme de sa location.

II

La vie à Bruxelles

Une phrase écrite par un habitant de cette ville, lequel avait connu, sous le règne du roi Guillaume, la plupart des réfugiés français, résume exactement l'existence que mena le célèbre régicide jusqu'au jour où prit fin son exil :

SIEYÈS est vieux et maladif; il vivait fort retiré, je l'ai peu vu (2).

En effet, parvenu à un âge avancé, malade et accablé depuis longtemps de douloureuses infirmités (3), le comte ne désirait plus que la tranquillité et le repos, à l'abri de toute curiosité et de tout bruit, et, pareille-

(1) Cet acte d'adjudication publique et ses annexes font partie des minutes du notaire SACASAIN, lesquelles, présentement déposées aux Archives générales du royaume, à Bruxelles, dépendent de l'étude de Me ENGLEBERT, notaire en ladite ville.

(2) A. BARON, *Les Exilés de Bruxelles*, article dans la *Revue de Paris*, première série, tome dix-neuvième, année 1831, page 13.

(3) Fluet, de faible complexion, sa santé fut toujours très délicate.

ment, loin des lieux où logeaient ceux de ses anciens collègues qu'il voulait éviter : BARÈRE et VADIER.

A cet égard, la rue de l'Orangerie, voie paisible et peu fréquentée, lui convenait mieux qu'aucune autre. Il faut se rappeler qu'en 1817, comme aussi les années qui suivirent, ladite artère était située aux confins extrêmes de la ville de Bruxelles, près des remparts qui reliaient de ce côté les portes de Namur et de Louvain. Ceux-ci occupaient l'emplacement des boulevards extérieurs actuels, parallèlement à la rue Ducale, et à leur crête s'arrêtaient la rue de la Loi et les deux rues latérales venant du Parc. Au delà s'étendait le vaste territoire du faubourg de Saint-Josse-ten-Noode, alors la pleine campagne et où s'élève aujourd'hui le Quartier-Léopold. — Ce qui dut plaire également à SIEYÈS, c'était la proximité du Parc, promenade qu'il gagnait en quelques minutes par la rue Ducale.

Mais il ne pouvait pas vivre seul, son état de santé précaire exigeant des soins continuels et attentifs. A Paris déjà, avant la proscription, il habitait avec l'un de ses neveux, Jean-*Ange*-Marie-Joseph SIEYÈS, né à Fréjus, le 6 septembre 1786, chef de bataillon au service de France, fils de son frère cadet, Joseph-Honoré-Léonce (1). Il appela auprès de lui, à Bruxelles,

(1) « SIEYÈS (Joseph-Honoré-Léonce), élu le 4 nivôse an VIII député du Var au Corps législatif et en sortit seulement à la fin de la session de l'an XIV; né à Fréjus (Var), le 25 mai 1751, mourut à Paris, le 20 juillet 1830; fils de « Honoré SIEYÈS, bourgeois, et de demoiselle Anne ANGLÈS, son épouse ». Fut administrateur, puis receveur de l'enregistrement de son département pendant la Révolution, et, en quittant le Corps législatif, il prit les fonctions de directeur de l'enregistrement de la ville de Chartres ». (*Dictionnaire historique et biographique de la Révolution et de l'Empire, 1789-1815*, par le docteur ROBINET et autres. Paris, librairie historique de la Révolution et de l'Empire, sans date).

ce neveu, lequel épousa ensuite, vers 1819 (1), la demoiselle Pétronille-*Aimée* Quinette, née à Vervins en 1798, fille du fameux conventionnel *Nicolas*-Marie Quinette (2). Aussitôt après, le jeune ménage s'établit

(1) Il n'a pas été possible de retrouver la date exacte de ce mariage, qui ne fut point célébré à Bruxelles.

(2) Né à Paris, le 16 septembre 1762, *Nicolas*-Marie Quinette, baron de Rochemont, fils d'un avocat en parlement, se destinait au barreau quand éclata la Révolution de 1789. Nommé administrateur du département de l'Aisne en 1790, il fut élu par ce département député à l'Assemblée législative, puis à la Convention nationale, où il vota la mort de Louis XVI, sans appel et sans sursis. Le 26 mars 1793, il devint membre du Comité de sûreté générale. Quelques jours plus tard, la Convention l'envoya à l'armée de Dumouriez, avec les représentants Bancal, Camus et Lamarque et le ministre de la Guerre Beurnonville, pour tenter de ramener le général au devoir; mais Dumouriez, consommant sa trahison, livra, le 3 avril 1793, les agents de l'assemblée au prince de Saxe-Cobourg. Quinette et ses compagnons, transportés en Autriche, demeurèrent pendant de longs mois prisonniers en des forteresses. Enfin, le 4 nivôse an IV (25 décembre 1795), ils furent tous échangés contre Madame Royale, fille de Louis XVI. Le 12 nivôse an IV (2 janvier 1796), Quinette entra, comme député de l'Aisne, au Conseil des Cinq-Cents, qui le choisit pour président le 1er frimaire an V (21 novembre 1796) et qu'il quitta en 1797. Nommé, postérieurement au 18 fructidor, membre de la régie de l'enregistrement et des domaines, il obtint le portefeuille de ministre de l'Intérieur à la suite de la journée directoriale du 30 prairial an VII (18 juin 1799). Après le 18 brumaire, le Premier Consul lui confia l'emploi de préfet du département de la Somme, poste qu'il abandonna, le 5 octobre 1810, afin de prendre place au Conseil d'Etat, dans lequel il s'occupa de la direction générale des communes et des hospices. Napoléon l'avait créé baron de l'Empire le 19 septembre 1810. Le 11 avril 1814, il adhéra à la déchéance de l'Empereur, puis se retira dans son domaine de Rochemont, près de Soissons, où il résidait encore à l'époque du 20 mars 1815. Il se rendit à Paris le 26, rentra au Conseil d'Etat et se vit conférer les fonctions de commissaire extraordinaire dans les départements de l'Eure, de la Seine-Inférieure et de la Somme. Devenu membre de la Chambre des Pairs impériale, celle-ci, après la seconde abdication de Napoléon, le désigna pour faire partie du gouvernement provisoire. Désormais, sa carrière politique était finie. La loi du 12 janvier 1816 l'ayant exilé comme régicide, Quinette s'embarqua au Havre, le 2 février suivant, pour les Etats-Unis d'Amérique. Après avoir parcouru les principaux états de l'Union et avoir séjourné deux ans à New-York, il partit pour Liverpool, traversa l'Angleterre et alla se fixer à Bruxelles, où il mourut, le 14 juin 1821. — Voici en quels termes est conçu son acte de décès : « *Ville de Bruxelles.* — N° 1362. Du seizième jour du mois de juin, l'an dix-huit cent vingt-un, à onze heures : Acte de décès de monsieur le baron Nicolas-Marie Quinette de Rochemont, décédé le quatorze de ce mois, à neuf heures du matin, rue de la Loi, section 7, n° 111, âgé de cinquante-neuf ans, né à Paris, y demeurant, ancien conseiller d'Etat en France, époux de dame Aimée-Louise-Charlotte Périn, fils de Jean Quinette et de dame

chez le comte SIEYÈS, rue de l'Orangerie, et le vieillard se trouva ainsi entouré de l'affection de proches parents, qui ne le quittèrent pas durant toute la période de l'exil et rentrèrent avec lui à Paris en 1830.

La famille, d'ailleurs, ne tarda point à s'accroître. Les époux Ange SIEYÈS et Aimée QUINETTE eurent successivement, à Bruxelles, dans la maison de leur oncle (1), cinq enfants, trois fils et deux filles, dont les noms suivent :

1° Emilie-*Henriette*, née le 6 juin 1820;

2° *Adolphe*-Paul, né le 28 juillet 1821;

3° *Eugénie*-Juliette, née le 26 avril 1823;

4° *Eugène*-Martin, né le 18 novembre 1825. — Il semble être décédé avant 1829, mais l'acte de décès n'existe pas à Bruxelles ni dans les faubourgs.

5° *Léonce*-Théodore, né le 8 mars 1828. — Il décéda à Bruxelles, le 9 avril 1829.

En présence des erreurs et des lacunes importantes qu'on rencontre dans les généalogies de la famille SIEYÈS (2), nous croyons devoir transcrire, ci-après, le texte intégral des actes de naissance et

---

Marie-Henriette-Pétronille CALAIS, sa douairière, propriétaire. — Sur la déclaration de messieurs Dominique-Vincent RAMEL, avocat à la Cour supérieure de justice, âgé de soixante ans, demeurant rue de l'Etuve, et Maximilien DELFOSSE, négociant, âgé de trente-trois ans, rue susdite, qui ont signé. — Constaté par moi, baron Louis DEVOS, chevalier de l'ordre royal du Lion Belgique, échevin, officier de l'état civil, soussigné, duquel acte il a été donné lecture. *(Suivent les signatures)* ». *(Extrait des registres de l'état civil de la ville de Bruxelles)*. — QUINETTE fut inhumé dans celui des cimetières de la ville de Bruxelles qui était alors situé sur le territoire de Saint-Josse-ten-Noode. (Voir : Alphonse WAUTERS, *Histoire des environs de Bruxelles*, tome III, page 28).

(1) Cette maison porta, postérieurement à l'année 1817, le numéro 113 de la section sept.

(2) Voir, notamment, le crayon généalogique inséré dans l'*Armorial du Premier Empire*, par le vicomte RÉVÉREND, v° *Sieyès*.

de décès des cinq enfants qui précèdent, actes copiés sur les registres de l'état civil de Bruxelles. Ces documents fournissent d'ailleurs certaines indications intéressantes au sujet de l'entourage du principal personnage de notre récit.

I

Ville de Bruxelles

N° 1501. — Du septième jour du mois de juin, l'an dix-huit cent vingt, à neuf heures : Acte de naissance de Emilie-Henriette SIEYÈS (1), née le six de ce mois, à trois heures et demie de relevée, fille de monsieur Jean-Ange-Marie-Joseph SIEYÈS, officier supérieur au service de France et officier de la Légion d'honneur, et de dame Pétronille-Aimée QUINETTE, conjoints; le père natif de Fréjus (du Var), la mère de Vervins (de l'Aisne), accouchée rue de l'Orangerie, 7e section, n° 113.

Le sexe de l'enfant a été reconnu être féminin. Témoins : messieurs Joseph-Honoré-Léonce SIEYÈS, propriétaire, âgé de soixante-neuf ans, demeurant rue susdite (2), grand-père, et Nicolas-Marie QUINETTE DE ROCHEMONT, propriétaire, âgé de cinquante-huit ans, rue de la Loi, grand-père.

Sur la réquisition à nous faite par le père, qui a signé, ainsi que les témoins.

Constaté, suivant la loi, par moi, baron Louis DEVOS, chevalier de l'ordre royal du Lion Belgique, échevin, officier de l'état civil, soussigné, et duquel acte il a été donné lecture.

(Signé) SIEYÈS, SIEYÈS, QUINETTE DE ROCHEMONT, Baron DEVOS.

---

(1) Elle décéda le 13 novembre 1884, après avoir été mariée à François, baron LESPÉRUT. (RÉVÉREND, *Armorial du Premier Empire)*.

(2) Ceci démontre que le frère cadet du comte SIEYÈS venait parfois le voir à Bruxelles et logeait chez lui.

II

Ville de Bruxelles

Nº 2045. — Du vingt-huitième jour du mois de juillet, l'an dix-huit cent vingt-un, à neuf heures : Acte de naissance de Adolphe-Paul SIEYÈS (1), né le même jour, à cinq heures et demie du matin, fils de Jean-Ange-Marie-Joseph SIEYÈS, officier supérieur au service de France et officier de la Légion d'honneur, et de Pétronille-Aimée QUINETTE, conjoints; le père natif de Fréjus, la mère de Vervins (de l'Aisne), accouchée rue de l'Orangerie, 7e section, nº 113.

Le sexe de l'enfant a été reconnu être masculin. Témoins : Bérenger-Calais-Adolphe QUINETTE, âgé de vingt-quatre ans, et Martin-Théodore QUINETTE, âgé de vingt-un ans, oncles, propriétaires, demeurant rue de la Loi.

Sur la réquisition à nous faite par le père, qui a signé, ainsi que les témoins.

Constaté, suivant la loi, par moi, baron DEVOS, chevalier de l'ordre royal du Lion Belgique, échevin, officier de l'état civil, soussigné, et duquel acte il a été donné lecture.

(Signé) SIEYÈS, A. QUINETTE, T. QUINETTE, Baron DEVOS.

III

Ville de Bruxelles

Nº 1295. — Du vingt-huitième jour du mois d'avril, l'an dix-huit cent vingt-trois, à neuf heures : Acte de naissance de

(1) Avocat, créé comte, par transmission du titre de son grand-oncle, aux termes d'un décret impérial du 9 mai 1859, il mourut à Soissons, le 9 octobre 1892. Il avait épousé, en janvier 1849, Juliette-Marie GODART DE RIVOCET. De ce mariage sont issus deux fils et deux filles. (RÉVÉREND, ouvrage cité).

Eugénie-Juliette SIEYÈS (1), née le vingt-six de ce mois, à neuf heures du soir, fille de monsieur Jean-Ange-Marie-Joseph SIEYÈS, officier supérieur au service de Sa Majesté le roi de France, officier de la Légion d'honneur, et de dame Pétronille-Aimée QUINETTE, conjoints; le père natif de Fréjus (Var), la mère de Vervins (Aisne), accouchée rue de l'Orangerie, section 7, n° 113.

Le sexe de l'enfant a été reconnu être féminin. Témoins : Jean-Pierre CHAZAL, propriétaire, âgé de cinquante-cinq ans, demeurant rue de la Pépinière, et Quentin-Xavier JANNEST, propriétaire, âgé de vingt-six ans, demeurant rue de l'Empereur.

Sur la réquisition à nous faite par le père, qui a signé, ainsi que les témoins.

Constaté, suivant la loi, par moi, soussigné, Louis, baron DEVOS, chevalier de l'ordre royal du Lion Néerlandais, échevin et officier de l'état civil, duquel acte il a été donné lecture.

(Signé) SIEYÈS, CHAZAL, Xav. JANNEST, Baron DEVOS (2).

IV

Ville de Bruxelles

N° 3357. — Du vingt-unième jour du mois de novembre, l'an dix-huit cent vingt-cinq, à dix heures : Acte de naissance de Eugène-Martin SIEYÈS (3), né le dix-huit de ce mois, à neuf heures et demie du soir, fils de monsieur Jean-Ange-Marie-Joseph SIEYÈS, propriétaire, officier de la Légion d'honneur, et de dame Pétronille-Aimée QUINETTE, conjoints, demeurant rue de l'Orangerie, section 7, n° 113.

Le sexe de l'enfant a été reconnu être masculin. Sur la décla-

(1) Elle épousa, en 1850, Lionel-Antoine MOUCHET DE BATTEFORT, comte DE LAUBESPIN, sénateur de la Nièvre. (RÉVÉREND, ouvrage cité).

(2) Traduit de la langue néerlandaise.

(3) Il dut mourir en bas-âge, car il ne fut pas recensé, en 1829, rue de l'Orangerie, et la généalogie donnée par le vicomte RÉVÉREND n'en fait aucune mention.

ration faite par le père. Témoins : messieurs Jean-Pierre CHAZAL, propriétaire, âgé de soixante ans, demeurant rempart de Laeken, et Quentin-Xavier JANNEST, négociant, âgé de vingt-sept ans, demeurant grande rue des Carmélites, qui ont signé, ainsi que le père.

Constaté, suivant la loi, par moi, Joseph VAN GAMEREN, officier de l'état civil délégué, duquel acte il a été donné lecture.

(Signé) SIEYÈS, J.-P. CHAZAL, Xav. JANNEST, VAN GAMEREN (1).

V

Ville de Bruxelles

N° 789. — L'an dix-huit cent vingt-huit, le huit du mois de mars, à midi, a été par nous, échevin soussigné de la ville de Bruxelles, occupant les fonctions d'officier de l'état civil, inscrit la naissance de Léonce-Théodore SIEYÈS, né en cette ville aujourd'hui, à neuf heures et demie du matin, section 7, n° 113, fils de monsieur Jean-Ange-Marie-Joseph SIEYÈS, propriétaire, officier de l'ordre de la Légion d'honneur, et de dame Pétronille-Aimée QUINETTE, conjoints, demeurant à la même adresse.

Le tout sur la réquisition faite par le père, en présence de monsieur Jean-Pierre CHAZAL, propriétaire, âgé de soixante-un ans, et de monsieur Edouard-Louis LOROIR, propriétaire, âgé de trente-six ans, demeurant tous deux en cette ville, lesquels ont signé, ainsi que le père, après lecture du présent acte.

(Signé) SIEYÈS, CHAZAL, LOROIR, VAN GAMEREN (2).

VI

Ville de Bruxelles

N° 1205. — L'an dix-huit cent vingt-neuf, le dix du mois d'avril, a été par nous, échevin soussigné de la ville de Bruxelles,

---

(1 et 2) Traduits de la langue néerlandaise.

occupant les fonctions d'officier de l'état civil, inscrit le décès de Léonce-Théodore SIEYÈS, décédé hier, à neuf heures du matin, rue de l'Orangerie, section 7, n° 113, âgé d'un an, un mois, un jour, natif de Bruxelles, fils de Jean-Ange-Marie-Joseph SIEYÈS, propriétaire, officier de l'ordre de la Légion d'honneur, et de Pétronille-Aimée QUINETTE, demeurant tous deux dans la même maison.

Sur la déclaration de Joseph JAUPART (1), domestique, âgé de cinquante-un ans, et de Clément MAILLEFERT (2), domestique, âgé de vingt-trois ans, demeurant tous deux en cette ville, lesquels ont signé, après lecture du présent acte.

(Signé) JAUPART, MAILLEFERT, HENNESSY (3).

Il importe de dire ici quelques mots d'un bruit malveillant qui courut à Bruxelles après la naissance de ce dernier enfant, — bruit dont une tradition orale a conservé le souvenir jusqu'à nos jours. Suivant les racontars de l'époque, le petit Léonce-Théodore aurait été un fils naturel du comte SIEYÈS et d'une jeune Bruxelloise. A supposer que la preuve du contraire ne soit pas faite par les actes authentiques cités ci-dessus, il faut se rappeler que l'ancien conventionnel, malade et impotent, avait, en 1828, atteint l'âge de quatre-vingts ans. Si, d'autre part, on veut bien penser aux haines et aux jalousies que ses opinions politiques d'autrefois et son état de fortune entretenaient parmi plusieurs de ses ex-collègues, alors ses compagnons d'exil, il devient facile de soupçonner d'où sortaient les propos calomnieux qu'on débitait ainsi sur son compte.

(1 et 2) C'étaient, respectivement, le valet de chambre et le cuisinier du comte SIEYÈS.

(3) Traduit de la langue néerlandaise.

La venue d'enfants aux époux SIEYÈS-QUINETTE, comme aussi les soins à donner au vieillard, nécessitaient la présence dans le ménage d'un nombreux personnel domestique. On possède, à ce sujet, un document officiel et tout à fait exact, c'est le recensement qui fut opéré à Bruxelles au cours de l'année 1829. Celui-ci renseigne que l'immeuble dont s'agit avait douze occupants, six maîtres et six serviteurs, — lesquels devaient, sans doute, y être logés un peu à l'étroit, car l'habitation, bien qu'elle comprît trois étages, ne contenait pas beaucoup de pièces (1). Les domestiques étaient : deux valets de chambre, un cuisinier, un cocher, une fille de chambre et une bonne d'enfants. Voici d'ailleurs, à titre de curiosité, en quels termes les registres du recensement, rédigés en langue néerlandaise, désignent les habitants inscrits dans la maison sise :

Rue de l'Orangerie, section 7, nº 113

1º SIEYÈS, Emmanuel, âgé de quatre-vingt-un ans, né en France, célibataire, propriétaire, catholique romain;

2º SIEYÈS, Jean-Ange, âgé de quarante-trois ans, né en France, marié, propriétaire, catholique romain;

3º SIEYÈS, Aimée, âgée de trente-un ans, née en France, mariée, propriétaire, catholique romaine;

4º SIEYÈS, Henriette, âgée de douze ans *(sic)*, née à Bruxelles, célibataire, sans profession, catholique romaine;

(1) A s'en rapporter à sa description intérieure qu'on a lue plus haut, tout fait supposer qu'au rez-de-chaussée se trouvaient le salon et la salle à manger, au premier étage l'appartement du comte, au deuxième celui des mariés SIEYÈS et de leurs enfants, et, au troisième, les chambres des domestiques.

5° SIEYÈS, Adolphe, âgé de onze ans *(sic)*, né à Bruxelles, célibataire, sans profession, catholique romain;

6° SIEYÈS, Eugénie, âgée de cinq ans *(sic)*, née à Bruxelles, célibataire, sans profession, catholique romaine;

7° JAUPART, Joseph, âgé de cinquante ans, né à Givry (arrondissement de Mons, Hainaut), marié, valet de chambre, catholique romain;

8° DELHOUNGE, Barthélemy, âgé de cinquante-deux ans, né en France, marié, valet de chambre, catholique romain;

9° MAILLEFERT, Clément, âgé de vingt-deux ans, né en France, célibataire, cuisinier, catholique romain;

10° LELONG (1), âgé de cinquante-quatre ans, né en France, veuf, cocher, catholique romain;

11° KOOKEBEE (?), Marie, âgée de trente-quatre ans, née à Gand, célibataire, fille de chambre, catholique romaine;

12° WARHAM, Marianne, âgée de trente-neuf ans, née en Angleterre, célibataire, bonne d'enfants, de religion israélite (2).

SIEYÈS eut donc, à ses côtés, suffisamment de parents et d'alliés pour lui tenir compagnie. Comme on l'a vu, son frère venait quelquefois de Paris le visiter, et descendait rue de l'Orangerie. QUINETTE et les siens résidèrent, jusqu'en 1821, dans les environs immédiats, rue de la Loi, ce qui rendait fort aisées les relations entre les deux demeures.

Les derniers jours de l'année 1820 furent marqués, à Bruxelles, par un événement qui dut causer la plus vive émotion aux membres des familles SIEYÈS et QUINETTE. Le vendredi 29 décembre, à cinq heures du matin, un vaste incendie, qu'activa bientôt un

(1) Le prénom manque.

(2) *Archives communales de la ville de Bruxelles.*

vent impétueux soufflant du nord, éclata dans le palais du prince et de la princesse D'ORANGE, situé rue de la Loi (1). Ce sinistre, qu'on ne put maîtriser que vers les cinq heures du soir, détruisit entièrement le palais, ainsi que la belle salle des Etats Généraux (ancien Conseil de Brabant), qui le joignait; les pertes se chiffrèrent à plus de trois cent mille florins des Pays-Bas. A la première alerte, la garnison prit les armes et alla occuper les diverses rues adjacentes pour maintenir l'ordre, tandis que les brasseurs de la ville et d'autres particuliers faisaient conduire en hâte des tonnes d'eau sur le lieu de l'incendie. Afin d'empêcher la propagation du feu, on se vit contraint de couper les communications, derrière le palais, avec les maisons des rues de l'Orangerie et de Louvain. Le prince D'ORANGE dirigea lui-même les secours, et

---

(1) La ville de Bruxelles avait entrepris la construction de cet immeuble, au mois d'août 1778, sous la direction des architectes GUIMARD et SANDRIÉ, pour en faire l'hôtel du chancelier de Brabant, à front de la voie qui porta, de 1779 à 1797, le nom de *rue de Brabant*, et, ensuite, de *rue de la Loi*. L'édifice fut achevé en 1783, en même temps que l'hôtel du Conseil de Brabant, devenu le Palais de la Nation actuel. Après que les Autrichiens eurent définitivement quitté la Belgique, la chancellerie resta sans emploi pendant plusieurs années. En l'an VI de la République française, la ville la loua à un particulier, qui y établit l'*hôtel des Etrangers*. Le gouvernement français y logea, de 1802 à 1804, le commandant de la vingt-quatrième division militaire et le général de brigade commandant le département de la Dyle. A partir de 1804, la chancellerie fut réunie aux locaux occupés, dans le ci-devant hôtel du Conseil de Brabant, par la Cour d'appel impériale. Postérieurement à la création du royaume des Pays-Bas, le conseil municipal de Bruxelles mit l'ex-hôtel du chancelier à la disposition du prince D'ORANGE, « jusqu'au moment où le palais qui lui avait été voté par la loi du 27 décembre 1815, serait en état d'être habité par lui » (séance du 6 mai 1816). Après l'incendie de 1820, l'hôtel fut reconstruit sur les plans de l'architecte VANDERSTRAETEN, et la ville le céda, en 1825, au gouvernement, avec le palais des Etats Généraux. A dater de cette époque, ledit hôtel a été successivement affecté à différentes administrations; il porte aujourd'hui le n° 8 de la rue de la Loi et abrite, depuis de nombreuses années, le ministère des Affaires étrangères. (HENNE et WAUTERS, ouvrage cité, pages 342 à 344).

le roi Guillaume en personne, accompagné du prince Frédéric, son second fils, parut sur le théâtre du désastre. On sauva toutes les archives publiques et divers effets précieux, que l'on transporta provisoirement dans le Parc et dans les maisons voisines. Il y eut un assez grand nombre de blessés parmi les sauveteurs (1). Le prince D'ORANGE, la princesse et leurs trois fils reçurent l'hospitalité en l'hôtel du marquis D'ASSCHE (2). On sait qu'ils s'installèrent ultérieurement au palais que la nation éleva, rue Ducale, en face de la rue de Belle-Vue, pour les princes héréditaires des Pays-Bas (3).

*
* *

Cette vie retirée et calme, que le vieux comte passait ainsi auprès de ses neveux, était à peine interrompue par la visite des quelques amis avec lesquels il prenait encore plaisir à causer. BAUDOT exagère donc sur ce point, lorsqu'il parle, dans ses *Notes historiques*, de l' « isolement complet » de SIEYÈS, qui « n'avait

(1) On trouvera plus de détails sur cet incendie, notamment dans le journal l'*Oracle*, nos 365 (samedi 30 décembre 1820) et suivants.

(2) Situé alors au coin des rues Ducale et de Belle-Vue, ledit hôtel, qui avait appartenu primitivement au vicomte DE WALCKIERS, est occupé aujourd'hui par la Liste civile, place des Palais. Alexandre Ier, empereur de Russie, y logea, comme hôte de la cour des Pays-Bas, du 17 au 21 novembre 1818.

(3) Bâti sur l'emplacement du refuge de l'abbaye de Parcq, le palais fut commencé, en 1823, par VANDERSTRAETEN père et achevé par SUYS. Les Chambres avaient voté pour sa construction une somme d'un million de florins; mais la dépense atteignit douze cent mille florins. Ce monument est devenu le Palais des Académies actuel.

d'autre rapport que ceux de sa famille » (1). Parmi ses intimes, on remarquait surtout le baron CHAZAL, le comte THIBAUDEAU, le comte MERLIN *(de Douai)*, le peintre DAVID, RAMEL (2), et, plus rarement, CAMBACÉRÈS (3), dont il raillait doucement les grands airs, les habits brodés et le ton doctoral.

Dominique-Vincent RAMEL, l'ancien ministre des Finances du Directoire, fréquentait beaucoup chez SIEYÈS. Celui-ci, de son côté, se rendit de temps en temps à la maison de campagne que son compatriote possédait à Laeken, près de Bruxelles, et où il réunissait un petit cercle de proscrits. RAMEL, avec son habileté coutumière, s'efforçait d'atténuer l'effet des rencontres, parfois pénibles, que le hasard y provoquait, et SIEYÈS y était traité avec un respect particulier, à cause de son âge et de l'estime que RAMEL avait toujours eue pour lui.

Avec CAMBACÉRÈS et RAMEL, riches l'un et l'autre, SIEYÈS contribua à fonder et à organiser une caisse de secours destinée à venir en aide aux exilés français dépourvus de ressources, qui, craignant de manquer du nécessaire, avaient dû recommencer à travailler pour

(1) Marc-Antoine BAUDOT, ex-membre de la Convention nationale, *Notes historiques sur la Convention nationale, le Directoire, l'Empire et l'exil des votants*. Paris, imprimerie D. JOUAUST, L. CERF, successeur, 1893. Page 18. — Sur l'auteur des *Notes historiques*, on peut consulter l'ouvrage suivant : A. TRIMOULIER, vice-président du Conseil de préfecture de l'Allier, *Un missionnaire de 93, Marc-Antoine Baudot, son rôle politique, ses missions, ses mémoires ou notes historiques*. Paris, DORBON aîné, 53ter, quai des Grands-Augustins, 1908.

(2 et 3) Sur le séjour à Bruxelles de CAMBACÉRÈS et de RAMEL, voir notre notice : *L'Exil de Cambacérès à Bruxelles (1816-1818), d'après des documents inédits*. Malines, GODENNE, 1909.

subsister (1). L'auteur des *Notes historiques* consent à reconnaître l'intervention charitable de SIEYÈS; mais, détestant ce dernier, BAUDOT, à titre d'ami de VADIER et d'ardent contempteur de la noblesse impériale, fait sentir, ici encore, sa pointe d'aigreur habituelle :

> SIEYÈS, sur la fin de sa vie, en exil, et ne pouvant plus proscrire, prit le parti d'être quelque peu bienfaisant, même pour ceux qui avaient été les objets de sa haine, tels que PRIEUR *(de la Marne)*, JOUENNE, etc. (2).

L'ancien directeur était également très lié avec CHAZAL. On a pu constater plus haut que celui-ci comparut comme témoin lors de la naissance de trois des enfants d'Ange SIEYÈS. Et BAUDOT, d'un trait de plume, caractérise leurs relations : « Nous appelions CHAZAL le sous-diacre de SIEYÈS. Les royalistes l'appelaient le séide du grand-prêtre » (3).

Mais c'était principalement DAVID, — l'*homme à la grosse joue*, comme on le nommait à Bruxelles, à cause

(1) Voici en quels termes BAUDOT s'exprime concernant cette caisse de secours : « ... Sur cinquante votants à peu près qui se sont retirés dans les Pays-Bas après la Restauration, quinze à ma connaissance ont vécu du *pain de la charité;* plus des trois quarts des autres vivent ou sont morts dans un état voisin de l'indigence. Sept à huit seulement avaient une fortune acquise dans les hautes fonctions de BONAPARTE. — Il est vrai que les plus riches ont organisé à Bruxelles une caisse de bienfaisance pour *leurs anciens collègues*, auxquels se sont associés les moins pauvres, et qu'ils ont pourvu, avec d'autres citoyens, aux besoins de première nécessité ». (Ouvrage cité, page 179).

Au nombre des membres de la Convention nationale réfugiés en Belgique, privés de toute fortune et qui reçurent des secours de la caisse susdite, BAUDOT mentionne : ROUX *(de la Haute-Marne)*, LEFIOT, THURIOT DE LA ROSIÈRE, SAVORNIN, CORDIER, JOUENNE, ROUBAUD, BRÉARD, LEGRIS, MALLARMÉ, Florent GUYOT, SEVESTRE, PRIEUR *(de la Marne)* et POCHOLLE. (Ouvrage cité, page 19).

(2) BAUDOT, ouvrage cité, page 291.

(3) BAUDOT, ouvrage cité, page 44.

de sa figure asymétrique — (1), que le vieux comte voyait avec plaisir. Il le conviait fréquemment à sa table, au milieu des siens, et tous deux se plaisaient alors à évoquer, en de longues causeries intimes, le souvenir des événements tragiques ou grandioses du passé. Ce fut sur l'avis de SIEYÈS que l'artiste refusa l'offre flatteuse que lui avait faite le roi de Prusse, de le recevoir à Berlin et de l'admettre à sa cour (2). En 1817, l'illustre peintre exécuta le portrait de son ami (3). Cette toile est décrite comme suit dans le beau livre qui a été consacré à la vie et à l'œuvre de DAVID par son petit-fils :

(1) On sait que le peintre avait la mandibule gauche hors de toute proportion avec la droite. Cette conformation provenait, paraît-il, de ce qu'il s'était blessé, dans sa jeunesse, avec un fleuret. De leur côté, les royalistes prétendaient que la joue du conventionnel avait subitement enflé, par une punition visible de Dieu, à l'instant même où il prononça les mots : *la mort*, au cours du procès de Louis XVI !

(2) Extrait de l'*Oracle*, n° 87, daté du mercredi 27 mars 1816 : « ROYAUME DES PAYS-BAS. — *De Bruxelles, le 26 mars.* — Un de nos journaux annonce aujourd'hui que le célèbre peintre DAVID, qui se trouve en cette ville, a été appelé en Prusse par une invitation du Roi, mais qu'il préfère se fixer à Bruxelles. Ce sera une chose remarquable pour l'histoire des arts, que le restaurateur de l'*Ecole française* vienne s'établir dans la même ville où existe encore le restaurateur de l'*Ecole flamande moderne*, M. André LENS, couvert de gloire et courbé sous le poids des ans ».

Extrait du même journal, n° 172, daté du jeudi 20 juin 1816 : « ALLEMAGNE. — *De Berlin, le 8 juin.* — Quelques feuilles ont annoncé que le peintre français DAVID avait demandé à entrer au service de Prusse, pour être préposé à la conservation des objets d'art. Mais le gouvernement n'a point accepté cette proposition ».

Extrait du même journal, n° 174, daté du samedi 22 juin 1816 : « ROYAUME DES PAYS-BAS. — *De Bruxelles, le 21 juin.* — Un journal de Francfort a annoncé que M. DAVID, peintre français, qui se trouve en ce moment à Bruxelles, avait demandé à entrer au service de Prusse, ce qui n'avait point été accepté. Nous avons répété cette nouvelle dans notre journal du 20 de ce mois; mais, mieux informés, nous devons à la justice et à la vérité de dire que c'est, au contraire, M. DAVID qui n'a point accepté les offres qui lui ont été faites par le cabinet de Berlin ».

(3) Voir la reproduction de ce portrait en tête de la présente notice.

L'abbé Sieyès, conventionnel.

H. 95. — L. 72. — T. — Fig. à mi-jambes, gr. nat.

Il est représenté de face, assis dans un fauteuil. Vêtu d'une large redingote boutonnée, se préparant une prise de tabac; la main gauche, reposant, comme la droite, sur le haut des cuisses, tient une tabatière et se détache sur un mouchoir à carreaux rouges.

En haut : EM-JOS. SIEYÈS. ÆTATIS SUÆ, 69. Signé : L. DAVID 1817.

1° *Copie par Mme Rude, née Frémiet, retouchée par David; — 2° copie par Decaisne. — Lithographié par Léon Noël.* — Notes de David. — Peint à Bruxelles en 1817.

APPARTIENT A Mme COMBES (1).

SIEYÈS avait déjà été peint une fois par le maître. On n'ignore point qu'il occupe une place, au premier plan, dans le fameux tableau consacré au *Serment du Jeu-de-Paume* (2).

A ses heures de repos, DAVID groupait souvent

(1) *Le peintre Louis David, 1748-1825, souvenirs et documents inédits,* par J.-L.-Jules DAVID, son petit-fils. Paris, Victor HAVARD, libraire-éditeur, 1880. Page 649. — DAVID fit aussi, à Bruxelles, en 1820, le portrait de RAMEL et celui de la femme de ce dernier. (Même ouvrage, page 650).

(2) C'est peut-être SIEYÈS qui fut témoin de la scène amusante relatée en ces termes par BARON : « Je confesse qu'ici (à Bruxelles) on n'est pas fort, en général, sur l'histoire de France. Le brasseur d'un de nos proscrits avait remarqué chez lui une fort belle épreuve du *Serment du Jeu-de-Paume,* suspendue au mur du salon. « Qu'est-ce que cela? demanda-t-il à mon ami. — Vous voyez, c'est le *Jeu-de-Paume* ». Là-dessus, mon homme de contempler la gravure dans un profond recueillement; et puis, se retournant avec un soupir : « Avouez, monsieur, s'écrie-t-il, que cette passion du jeu est une chose bien terrible. Regardez toutes ces figures; n'ont-ils pas l'air d'une bande de possédés? Ces trois-là, qui s'embrassent, ne paraissent pas trop mécontents de leur journée; mais celui-ci, — en montrant MIRABEAU, — celui-ci qui serre les poings, comme s'il allait tomber en convulsion, je parle bien qu'il a tout perdu ». *Historique,* et vous le croirez sans peine, car on n'invente pas de ces choses-là ». (A. BARON, *Mosaïque belge, mélanges historiques et littéraires, Les Exilés à Bruxelles, août 1830,* page 195. — Bruxelles, Société belge de librairie, etc., 1837).

chez lui quelques-uns des proscrits, pour lire ensemble les gazettes venues de France, causer des absents et dire du mal du régime exécré. SIEYÈS fut d'abord un des plus assidus à ces réunions. Beaucoup de ses amis, en ce temps, le poussaient à écrire ses mémoires. Quel monument pour l'avenir! Quelle sûreté pour sa gloire! Mais SIEYÈS, pour seule réponse, montrait ses pauvres yeux malades et ses mains décharnées, secouées d'un continuel tremblement. « Qu'importe, lui objectait-on, racontez, dictez ». Et chacun s'offrait à lui servir de secrétaire. Doucement, il écartait alors ses compagnons devenus trop pressants : « *Cui bono*, à quoi bon! » Et il ajoutait : « Notre œuvre est assez grande pour se passer de nos commentaires. Nos actes instruiront ceux qui auront la curiosité de connaître nos pensées, et tous nos avertissements seraient inutiles pour mettre en garde contre nos fautes les hommes qui, venus après nous, n'acquerront notre sagesse qu'au prix des mêmes malheurs » (1).

Par contre, il se rendait très rarement aux assemblées de bannis qui siégeaient quelquefois au *Café des Mille-Colonnes*, place de la Monnaie. Il craignait d'y rencontrer celui qui lui inspirait une aversion profonde, BARÈRE, lequel y trônait, tenant le dé dans la conversation, parlant et écoutant avec la politesse bienveillante et un peu hautaine d'un homme de l'ancien régime.

*
* *

Lorsque ses douleurs ne l'empêchaient point de sortir, l'ex-abbé aimait à se promener sur le terre-plein

(1) NETON, ouvrage cité, pages 450-451.

qui longeait la haie de clôture du Parc, ou par les chemins de ce jardin public, devenu le rendez-vous des exilés. A cette époque, on pouvait y voir journellement un bon nombre de survivants de la Convention. Et le spectacle n'était pas sans quelque grandeur, de ces hommes dont l'audace, l'énergie et la valeur avaient si longtemps étonné le monde, et dont les noms produisaient encore un effroi mêlé, malgré tout, de respect. Ils erraient là, tristes, silencieux, isolés les uns des autres, moins par ordre d'un gouvernement ombrageux que par méfiance réciproque et rancune invétérée. Le souvenir des anciennes divisions, des anciens ressentiments, qui avaient jadis ensanglanté la Convention et déchiré la République, persistait, en dépit de la différence des temps; et, comme en 1795, Girondins et Montagnards, Robespierristes et Thermidoriens, avaient au cœur les mêmes haines, les mêmes soupçons et les mêmes colères (1). — Le ministère de Louis XVIII, rassuré sur leurs intentions et convaincu surtout de leur discrédit, n'avait demandé contre eux aucune mesure de rigueur. De sorte que la surveillance dont ils furent l'objet au moment de leur exode cessa bientôt, « vu l'âge avancé, les infirmités et le peu de fortune de la plupart d'entre eux, comme aussi la conduite qu'ils ont tenue jusqu'ici (2) ».

A propos du ressentiment que ces ex-législateurs d'opinion différente conservaient en exil les uns vis-à-vis

(1) NETON, ouvrage cité, page 446.

(2) Le duc DE RICHELIEU au marquis DE BONNAY. (*Archives des Affaires étrangères. Correspondance de Prusse.* Juillet 1817).

des autres, un Français établi à Bruxelles, BARON, qui les connut intimement presque tous sous le régime hollandais, rapporte le trait curieux que voici :

... Il leur restait bien des préjugés que comprendrait à peine notre philosophique génération. Les vieilles haines de 94 n'étaient pas mortes dans le cœur de quelques-uns; d'autres n'ont pas encore, aujourd'hui même, la pleine intelligence de leurs actes et des résultats qu'ils ont amenés. J'avais eu avec un conventionnel une petite discussion d'intérêt. Il paraît que j'avais tort, puisque nos arbitres me condamnèrent; mais alors j'étais persuadé de mon droit, comme on l'est toujours, et je me plaignais vivement de ma partie à un de ses collègues, vieux puritain de la Montagne : « C'est votre faute, me dit-il, vous étiez prévenu; vous saviez qu'il était Girondin. Girondins, Dantonistes, modérés, autant de fripons, gens qu'on peut voir dans le monde, mais avec qui il ne faut jamais faire d'affaires! »

Ces préventions de l'autre siècle nous font pitié; mais, avouons-le, était-il donné à l'homme d'oublier à tout jamais ces haines d'anthropophages, cette guerre d'extermination dont la tribune était le champ de bataille? (1)

Vêtu de sa longue redingote de couleur sombre, — rappelant de loin l'habit ecclésiastique, — appuyé au bras de son neveu ou d'un valet de chambre, tenant à la main sa canne dont la grosse pomme d'or fascinait les enfants jouant aux alentours, SIEYÈS, dans les premières années surtout de son séjour à Bruxelles, s'en allait, à pas lents et le dos courbé, respirer la fraîcheur sous les ombrages du Parc. A vrai dire, si son âge et ses infirmités inspiraient partout le respect, le public et ceux qui le hantaient peu ne devaient point éprouver

(1) BARON, *Mosaïque belge*, pages 187-188.

pour lui une bien vive sympathie. Rien n'attirait chez cet ancien prêtre à l'abord austère, au visage pâle et que rajeunissait la perruque à boucles noires, à l'œil froid, aux lèvres fines, sur lesquelles aucun sourire ne semblait jamais s'être posé. Au Parc, il joignait souvent DAVID, lequel avait l'habitude, vers les trois heures de l'après-midi, de quitter son atelier et de gagner la promenade, pour retrouver ses compagnons d'exil. Ils se tenaient ordinairement le long de la rue Royale, dans un chemin qu'ils avaient surnommé l'*Allée des Veuves*. Il y conversaient ensemble des choses du jour, et, quelquefois, de celles du passé.

BAUDOT, qui, — nous le savons, — ne pouvait pas souffrir SIEYÈS, raconte à son sujet cette anecdote, que nous croyons devoir accompagner de quelques réserves :

Il se promenait un jour au Parc, à Bruxelles, avec un marchand de vin sur lequel il exerçait naturellement une certaine autorité. Le marchand disait en toute occasion : « Monsieur SIEYÈS, Monsieur SIEYÈS, etc. — Mais, dit le vieux prêtre, vous ne savez dire que *Monsieur Sieyès*, il me paraît que vous pourriez bien dire *Monsieur le comte*... — J'en ai bien trop dit pour un traître ! » répliqua le marchand, et il laissa l'orgueilleux abbé au milieu du Parc, tout stupéfait de l'audace du plébéien. Pourquoi aussi avoir divulgué ce que c'était que le Tiers Etat? (1)

*
* *

L'auteur des *Notes historiques* ne manque d'ailleurs, au cours de son livre, aucune occasion de traduire

(1) BAUDOT, ouvrage cité, page 240.

en ridicule les anciens républicains qui avaient été anoblis par Napoléon, — personnages que ses amis et lui qualifiaient, à Bruxelles, du sobriquet ironique de *magnats;* et, presque toujours, il a soin de viser personnellement SIEYÈS dans ses critiques (1). On s'expliquera sans doute la raison de ce mépris, — ou de ce dépit, — quand on saura que BAUDOT, pour sa part, n'avait pas été amené à refuser, d'un *tyran* quelconque, un titre ou des honneurs nobiliaires, ceux-ci ne lui ayant jamais été offerts.

L'ex-conventionnel insiste aussi beaucoup sur l'avarice et sur la cupidité de SIEYÈS, qui, à l'en croire, aurait été possesseur, à Bruxelles, d'une très grosse fortune :

> SIEYÈS termine sa carrière politique en se laissant mystifier par un lieutenant d'artillerie. Il est vrai que, s'il n'eut pas le pouvoir, il eut l'argent, et, si l'un devait arriver sans l'autre, il n'hésitait pas (2).

> SIEYÈS mit l'envie, l'ambition et l'avarice à la place des vertus cardinales qui devaient être dans son état... — Quant à son avarice, trois ou quatre millions d'économies, qui l'ont suivi à Bruxelles, parlent assez haut de sa prudence pour l'avenir et de ses réserves dans le doute (3).

> L'abbé SIEYÈS n'aimait ni les rois, ni les peuples, ni les hommes, ni les femmes, il n'aimait que lui... et l'argent. D'autres disent : l'argent et lui (4).

> On a dit de l'abbé SIEYÈS : « Pour de l'argent, il a vendu son honneur et son ami. Pour de l'argent, il vendrait son âme, et il

(1) BAUDOT, ouvrage cité, pages 30, 295, 297, 308, 312, etc.
(2) BAUDOT, ouvrage cité, page 2.
(3) BAUDOT, ouvrage cité, page 225.
(4) BAUDOT, ouvrage cité, page 240.

aurait raison, car il troquerait son fumier contre de l'or. » *[Lettre de Mirabeau au comte d'Entraigues,* LAURENT, p. 195] (1).

En ce qui concerne le portrait moral de SIEYÈS, — que nous n'avons pas à faire ici, — on consultera avec intérêt les pages que l'un de ses biographes y a consacrées (2).

Sur la question de la fortune, il ne faut pas oublier que l'article 7 de la loi d'amnistie du 12 janvier 1816 avait privé les régicides auxquels il s'appliquait, de la possession en France de tous biens, titres et pensions à eux concédés à titre gratuit. Malgré cela, on peut admettre que l'ancien directeur, grâce à une vie entière d'ordre et d'économie, jouissait encore en exil d'une très large aisance. Cependant, les chiffres allégués par BAUDOT semblent exagérés (3). En supposant que SIEYÈS eût été aussi riche qu'on le prétendait, on hésite à croire qu'il se fût contenté, comme logement, de son étroite et petite maison de la rue de l'Orangerie.

*
* *

On a dit et répété que l'ex-abbé, dans les dernières années de sa vie, était quasi retombé en enfance, et l'on cite souvent un *mot* qu'il aurait prononcé à Bruxelles, — mot qui ne manque point de saveur, mais où l'on retrouve sans peine tout l'esprit de dénigrement qui

(1) BAUDOT, ouvrage cité, page 255.

(2) BIGEON, ouvrage cité, pages 71 à 80.

(3) D'après BIGEON (ouvrage cité, page 76), SIEYÈS, après la chute de l'Empire, avait plus de 80,000 livres de rente.

animait le groupe des exilés ennemis des magnats. Voici comment un auteur rapporte la phrase en question :

> Aux réveils de la haine se joignaient ceux de la peur. SIEYÈS était hanté par des visions sinistres dans ses hallucinations séniles : « *Si M. de Robespierre vient,* recommande-t-il à son domestique, *vous lui direz que je n'y suis pas* » (1).

On s'accorde, il est vrai, pour reconnaître que le nom de ROBESPIERRE s'échappait fréquemment des lèvres du vieillard; et l'on raconte que, aux approches de la mort, on l'entendit plusieurs fois répéter : « Eloignez de moi cet infâme! » (2). Pourtant, ce qui nous incite à conclure à une invention, c'est que le mot constitue d'une façon beaucoup trop évidente pour n'être pas faux, l' « arrangement » d'un propos véritable, — et resté fameux, — que tint SIEYÈS lors d'un événement tragique de sa carrière de législateur, à savoir la tentative d'assassinat dont il fut victime, à Paris, dans le courant de l'an V. Il nous paraît nécessaire, à cet égard, de rappeler ici les faits, et, pour leur donner plus d'intérêt, nous reproduirons le récit comme les Bruxellois de l'époque purent le lire en un journal quotidien de leur ville :

RÉPUBLIQUE FRANÇAISE.

Paris, le 22 germinal (3).

Ce matin, à neuf heures, un inconnu s'est présenté chez SIEYÈS, qui étoit encore au lit. On l'a laissé entrer. Il a parlé de

(1) Léonce PINGAUD, *Les derniers Conventionnels (1814-1854)*, article publié dans le numéro de la *Revue de Paris* du 15 février 1896. — Page 773.

(2) NETON, ouvrage cité, page 455.

(3) Le duodi 22 germinal an V correspondait au mardi 11 avril 1797.

EMANUEL JOSEPH SIEIJES.

créance qu'il avoit sur l'Etat; et, sur l'observation de SIEYÈS que cela ne le concernoit nullement, qu'il falloit s'adresser au Directoire, l'homme s'est écrié : « Vous êtes comme tous les autres, un brigand, un scélérat; il faut me donner votre argent ». SIEYÈS s'est levé en disant : « Je n'ai pas d'argent dans mon lit, il faut que j'aille en chercher ». L'instant d'après, l'homme a tiré un pistolet et percé de deux balles mâchées la main que SIEYÈS a présentée pour parer le coup; une autre balle lui a effleuré une côte. SIEYÈS, conservant toute sa présence d'esprit, s'étoit retiré vers la porte. Il s'est jeté en dehors, a repoussé dans sa chambre l'assassin, et l'y a renfermé.

En ce moment, une garde nombreuse est à sa porte : l'assassin est pris et on l'interroge.

ISNARD (1), voisin de SIEYÈS, est accouru au premier bruit. Il a reconnu cet homme pour être du Midi : c'est un prêtre, dont on croit que le nom est POULE. Il avoit un second pistolet chargé de balles mâchées, plusieurs couteaux et des ciseaux. On dit même qu'on a trouvé sur lui une liste de douze représentans du peuple, désignés pour être assassinés dans la même journée.

Les gens de l'art sont auprès de SIEYÈS. On a retiré les deux balles qui étoient dans le poignet. On croit que ses blessures ne sont pas dangereuses. Il supporte les douleurs physiques avec un grand calme, comme il a supporté les calomnies des libellistes qui lui suscitent des assassins.

Conseil des Cinq-Cents.

Extrait de la séance du 22 germinal.

A la lecture du procès-verbal succède celle d'un message du Directoire (2), qui transmet au Conseil l'avis qu'il a reçu

(1) Né à Grasse, le 16 février 1751, ancien député à l'Assemblée législative et à la Convention nationale pour le département du Var, régicide, Maximin ISNARD était, à cette époque, le collègue de SIEYÈS au Conseil des Cinq-Cents, où il représentait le département susdit. Il mourut à Grasse, le 12 mars 1825.

(2) Il était alors composé de BARRAS, LETOURNEUR, CARNOT, REUBELL et LA RÉVELLIÈRE-LÉPEAUX.

lui-même, par le ministre de la Police (1), de l'assassinat commis ce matin sur la personne du représentant du peuple SIEYÈS, au domicile de ce dernier; et de l'arrestation de l'assassin, qui va être traduit de suite devant les tribunaux. Le Directoire annonce qu'il a donné les ordres les plus positifs à cet égard.

VILLERS. — Celui qui, dès le commencement de la Révolution, donna les preuves les plus fortes de patriotisme, qui, le premier, dans l'Assemblée constituante, proposa la réunion des trois ordres, et qui a si vivement contribué à nous donner la République, celui-là, dis-je, devoit être naturellement la victime du royalisme et des ennemis de la patrie. Ce n'étoit pas assez de neutraliser ses talens par les plus noires calomnies, il falloit encore lui arracher la vie.

On assure que l'assassin étoit muni d'une liste de représentans du peuple, qu'il avoit dévoués à ses coups ou à la fureur de ses complices.

— Le Conseil, sur la demande de l'opinant, arrête que la commission des inspecteurs lui rendra compte des faits, et présentera, en même temps, les moyens de garantir la sûreté des représentans du peuple.

BOISSY-D'ANGLAS. — Je demande qu'il soit fait un message au Directoire pour avoir tous les renseignemens nécessaires, et que le Conseil, témoignant l'intérêt qu'il prend à la conservation des jours de notre collègue SIEYÈS, se fasse rendre compte chaque jour de l'état de sa santé. *(Adopté).*

Le Président. — Un huissier de la salle a été envoyé par le bureau chez le citoyen SIEYÈS; il a rapporté que son état étoit assez rassurant.

HARDY. — Je suis un des officiers de santé qui ont donné des soins à notre collègue SIEYÈS. Il a reçu une balle au milieu du bas-ventre, mais la robe de chambre et la veste qu'il portoit ont amorti le coup; il a eu seulement la peau déchirée. Une autre balle lui a traversé le poignet gauche d'outre en outre; on lui a

(1) C'était alors COCHON.

fait une opération pour l'extraire; elle a été si douloureuse, que le blessé s'est évanoui à plusieurs reprises : cette blessure sera grave vraisemblablement; la balle étoit mâchée en 50 ou 60 endroits.

— Les commissaires de police de la division de la Butte-des-Moulins rendent compte au Conseil de cet assassinat. Ils annoncent que les directeurs du jury d'accusation et le commissaire du Directoire exécutif sont près d'eux, et qu'ils vont se charger de la suite de cette affaire devant la justice (1).

. . . .

RÉPUBLIQUE FRANÇAISE.

Paris, le 24 germinal.

Corps législatif.

Conseil des Cinq-Cents.

Extrait de la séance du 23 germinal.

Le président fait donner lecture du bulletin de l'état des blessures du représentant SIEYÈS. Le blessé a passé cette dernière nuit assez tranquillement, et sa situation continue d'être rassurante.

Le ministre de la Justice (2) transmet quelques détails sur l'assassinat de SIEYÈS. Le coupable se nomme *Chrysostôme Poule;* il s'est dit lui-même ex-moine de Draguignan. Il a été conduit à la prison du Temple. On n'a point trouvé, sur cet assassin, une liste de *quelques* représentans du peuple, mais la liste imprimée des membres des deux Conseils.

Interrogé sur ce qui avoit pu le porter à commettre son crime, il a répondu qu'il vouloit venger son pays des malheurs de la Révolution sur l'un de ses auteurs, et qu'il n'avoit eu aucun instigateur ni complice.

---

(1) Extrait du journal le *Républicain du Nord*, n° 519, daté de Bruxelles, sextidi 26 germinal an V de la République, samedi 15 avril 1797 (vieux style).

(2) C'était alors MERLIN *(de Douai)*.

Le ministre ajoute que ce Chrysostôme POULE a voulu, dans les interrogatoires, jouer le rôle d'un démagogue forcené, mais qu'il n'a pu le soutenir. Son procès va s'instruire avec activité (1).

. . . .

RÉPUBLIQUE FRANÇAISE.

Paris, le 26 germinal.

Bulletin de la santé du représentant du peuple Sieyès.

Le 24 germinal an 5, à 7 heures du matin.

Hier, vers les dix heures du soir, le malade éprouva un violent frisson, qui fut suivi d'une foiblesse assez grande pour lui faire perdre connoissance durant quelques minutes.

Cependant la nuit a été assez bonne; le représentant a dormi environ deux heures.

La plaie du bas-ventre n'a fait aucun progrès et ne présente aucun danger.

Celle du bras gauche suit, sans accidens graves, la marche ordinaire des plaies d'armes à feu.

(Signé) HARDY, PELLETAN (2), FAVIER, SUE.

Du 25 germinal, onze heures du matin.

Le malade a éprouvé de l'agitation au commencement de la nuit. Vers le matin, le sommeil l'a calmé durant environ trois heures.

---

(1) Le *Républicain du Nord*, n° 522, daté de Bruxelles, nonidi 29 germinal an V de la République, mardi 18 avril 1797 (vieux style).

(2) Né à Paris, le 4 mai 1747, le docteur Philippe-Jean PELLETAN, chirurgien en chef du Grand Hospice de l'Humanité de Paris (nom qu'on donnait alors à l'Hôtel-Dieu), avait été, en juin 1795, le dernier médecin traitant de Louis XVII au Temple. Ce fut lui qui, aidé de trois autres chirurgiens, procéda, le 9 juin, lendemain du décès, à l'autopsie du jeune Roi. On sait que PELLETAN, après l'opération, déroba le cœur de l'enfant mort, cœur qu'il conserva précieusement et offrit ensuite sans succès, sous la Restauration, au roi Louis XVIII et à la duchesse d'Angoulême. — C'est le même PELLETAN qui, dans la soirée du samedi 13 juillet 1793 (il était alors médecin consultant des armées de la République), avait été appelé en hâte auprès de MARAT assassiné, dont il ne put que constater la mort.

La plaie du bas-ventre est vivement enflammée; mais, ainsi qu'on l'a déjà dit, elle ne présente aucun danger.

Celle de l'avant-bras, dans laquelle la suppuration est commencée, suit la marche ordinaire dans ces sortes de plaies.

(Signé) HARDY, VITET, FAVIER, SUE, BACHER, PELLETAN.

Du 26 germinal, sept heures du matin.

Le malade a dormi trois heures durant la nuit : la suppuration des plaies suit sa marche ordinaire.

(Signé) HARDY, PELLETAN, FAVIER, SUE (1).

RÉPUBLIQUE FRANÇAISE.

Paris, le 28 germinal.

Le bulletin de santé du représentant SIEYÈS porte que le malade a passé une nuit tranquille. L'escarre des plaies commence à tomber, et les chairs à se rapprocher. Le malade paroît hors de danger (2).

RÉPUBLIQUE FRANÇAISE.

Paris, le 30 floréal.

Corps législatif.

Conseil des Cinq-Cents.

Extrait de la séance du 29 floréal.

SIEYÈS écrit au Conseil pour le remercier de l'intérêt qu'il a pris au dernier événement qui a manqué de le faire tomber sous les coups meurtriers d'un prêtre assassin. Les blessures qu'il a reçues sont parfaitement guéries; mais, pour rendre aux membres qui ont

(1) Le *Républicain du Nord*, n° 524, daté de Bruxelles, primidi 1er floréal an V de la République, jeudi 20 avril 1797 (vieux style).

(2) Le *Républicain du Nord*, n° 525, daté de Bruxelles, duodi 2 floréal an V de la République, vendredi 21 avril 1797 (vieux style).

été affectés le mouvement dont ils sont encore privés, les médecins lui ont ordonné les eaux, qu'il se propose d'aller prendre (1).

RÉPUBLIQUE FRANÇAISE.

Le représentant Sieyès a reparu hier (5 prairial) au Conseil, le bras en écharpe. Les hommes de l'art comptent qu'avec le temps il obtiendra guérison complète (2).

RÉPUBLIQUE FRANÇAISE.

Variétés.

Poule, assassin de Sieyès, a été traduit, le 17 prairial (3), au tribunal criminel de la Seine; après avoir entendu Sieyès et 15 témoins, et les réponses aux questions proposées aux jurés, le tribunal a condamné Poule à 20 ans de fers et à 6 heures d'exposition (4).

RÉPUBLIQUE FRANÇAISE.

Paris, le 20 prairial.

Lorsque le représentant Sieyès eut appris le jugement de son assassin, il dit à son portier : *Si M. l'abbé Poule vient me demander, vous direz qu'il n'y a personne* (5).

---

(1) Le *Républicain du Nord*, n° 557, daté de Bruxelles, quartidi 4 prairial an V de la République, mardi 23 mai 1797 (vieux style).

(2) Le *Républicain du Nord*, n° 563, daté de Bruxelles, décadi 10 prairial an V de la République, lundi 29 mai 1797 (vieux style).

(3) Le septidi 17 prairial an V correspondait au lundi 5 juin 1797.

(4) Le *Républicain du Nord*, n° 574, daté de Bruxelles, primidi 21 prairial an V de la République, vendredi 9 juin 1797 (vieux style).

(5) Le *Républicain du Nord*, n° 577, daté de Bruxelles, quartidi 24 prairial an V de la République, lundi 12 juin 1797 (vieux style).

Ainsi donc, les faiseurs d'esprit de la Restauration n'eurent que la peine, pour forger un mot tout neuf, de reprendre celui de 1797, en y remplaçant le nom de : POULE par le nom de : ROBESPIERRE.

* * *

Dans les premières années de son séjour à Bruxelles, SIEYÈS avait paru s'habituer à sa nouvelle existence. Mais, bientôt, l'ennui et la nostalgie l'accablèrent. Il se renfermait de plus en plus en lui-même. Immobile pendant de longues heures, absorbé en ses rêveries, laissant errer sa pensée jusqu'au fond des choses d'autrefois, on eût dit qu'il écoutait la voix du temps prononcer ses arrêts. « Je ne vois plus, murmurait-il quand on le tirait de son engourdissement, je n'entends plus, je ne me souviens plus, je ne parle plus, je suis devenu entièrement négatif ». La mort, du reste, éclaircissait, chaque année, les rangs des proscrits. Quelques-uns, profitant de la clémence royale, avaient pu regagner la France en 1818, et, parmi eux, figurait CAMBACÉRÈS. Toutefois, Louis XVIII renonça à gracier postérieurement à la chute du ministère DECAZES, et Charles X ne gracia personne. Les exilés qui restaient à Bruxelles avaient l'air plus sombres, plus aigris, au fur et à mesure que le temps s'écoulait sans apporter de changement à leur situation. Vieux, infirmes, lorsqu'ils traversaient les rues de cette ville, les passants s'effaçaient devant eux comme devant les témoins d'un autre âge. SIEYÈS, surtout après le décès de DAVID, survenu le 29 décembre

1825, ne sortit plus qu'à de très grands intervalles. Il se confinait chez lui, oublié, ignoré. « Quand tout cela finira-t-il? » répétait-il sans cesse (1).

Cela dura ainsi jusqu'en 1830.

III

Le retour à Paris

Une des premières mesures législatives de la monarchie de Juillet consista à faire cesser les proscriptions de 1815 et de 1816. Dès l'installation du nouveau gouvernement, un mouvement d'opinion s'était manifesté en France en faveur des exilés. Le ministère du 11 août prit l'initiative d'une loi de rappel. Celle-ci, votée, dans les deux Chambres, presque à l'unanimité, fut promulguée le 11 septembre 1830 (2). Elle était conçue comme suit :

Article premier. — Les Français bannis en exécution des articles 3 et 7 de la loi du 12 janvier 1816, sont réintégrés dans tous leurs droits civils et politiques, et peuvent, en conséquence, rentrer en France.

Ils sont aussi réintégrés dans les biens et pensions dont ils auraient été privés par suite de ladite loi, sans préjudice des droits acquis à des tiers.

Cette dernière disposition est applicable à ceux qui seraient déjà rentrés en France en vertu de décisions particulières.

---

(1) Neton, ouvrage cité, page 452.

(2) Dalloz, *Répertoire méthodique et alphabétique de législation, de doctrine et de jurisprudence*, tome III, v° *Amnistie*, page 516, note, seconde colonne.

Article 2. — Néanmoins, les pensions dont le rétablissement est ordonné par le précédent article, ne commenceront à courir que du jour de la publication de la présente loi.

Article 3. — Il n'est pas dérogé aux dispositions contenues dans l'article 4 de la loi précitée (1).

Cet exil de plus de quatorze années, frappant des hommes qui étaient presque tous des vieillards, avait singulièrement réduit leur nombre. Soixante-douze étaient morts, dont beaucoup misérablement, sur les terres étrangères. Quarante-quatre seulement purent reprendre le chemin de la patrie.

A Bruxelles, l'annonce de la Révolution française de 1830 avait fait luire un rayon de joie et d'espoir en l'âme des derniers vétérans des grandes luttes passées. SIEYÈS se sentit revivre, THIBAUDEAU pleura de bonheur. Durant plusieurs jours, on vit, dans les allées du Parc, quelques-uns des proscrits, fêtés par la jeunesse libérale qui les regardait maintenant comme des ancêtres, s'embrasser en silence, puis s'éloigner lentement, les yeux mouillés de larmes.

Aussitôt que la loi qui les rappelait eut été sanctionnée, les régicides se hâtèrent de franchir la frontière. D'aucuns même, entre autres CHAZAL (2) et MERLIN, avaient cru pouvoir anticiper largement ce jour.

---

(1) L'article 4 de la loi d'amnistie du 12 janvier 1816 excluait à perpétuité du royaume tous les membres de la famille de « Napoléon BUONAPARTE ».

(2) «... Peu de jours après les événements de juillet 1830, il (CHAZAL) partit de Bruxelles pour Paris, une Constitution à la main, extraite des vieilles broutilles de SIEYÈS; il arriva trop tard. — On sait ce que valent les Constitutions de SIEYÈS : en y joignant les élucubrations de CHAZAL, il fallait mourir de rire ou d'ennui ». (BAUDOT, ouvrage cité, pages 303-304).

Le départ des bannis attira peu l'attention des Bruxellois. Ceux-ci, depuis la troisième décade du mois d'août, vivaient en pleine agitation révolutionnaire, — et déjà l'on prévoyait les graves événements qui allaient se produire et se précipiter, pour aboutir enfin à la proclamation de l'indépendance nationale belge.

Grâce à une information de la presse, nous savons que SIEYÈS dut se mettre en route pour Paris, accompagné des siens, le samedi 11 septembre, — date de la promulgation de la loi, — ou le lendemain. Voici ce qu'imprimait, à cet égard, le *Journal de la Belgique*, dans son numéro 260, daté du vendredi 17 septembre 1830 :

FRANCE.

Paris, 14 septembre.

M. SIEYÈS, ancien membre du Directoire, est arrivé dimanche dernier à Valenciennes (1) avec sa famille. Il est reparti le lendemain pour Paris. M. SIEYÈS est âgé de plus de quatre-vingts ans.

Son retour passa inaperçu. Il s'installa sans bruit en sa maison de Paris, avec ses neveux (2), et, rassuré, heureux, il attendit la mort. Il était, en effet, très faible; ses jambes refusaient de le porter, ses infirmités l'accablaient chaque jour davantage. Il ne sortit plus guère de chez lui.

(1) En 1830, une voiture publique quittait Bruxelles pour Paris, par la route de Valenciennes, tous les jours à dix heures du soir; le bureau était situé à l'*Entreprise générale des messageries*, rue de la Madeleine. On pouvait prendre aussi une autre voiture *(les Bruxelloises)*, gagnant Paris par la même route, chez Busso, à l'*hôtel du Grand-Miroir*, rue de la Montagne; le départ avait lieu quotidiennement, à neuf heures et demie du soir.

(2) On a vu plus haut que son frère cadet, Joseph-Honoré-Léonce, était décédé à Paris, le 20 juillet 1830.

Oublié lors de la réorganisation de la Chambre des Pairs, où tous ses anciens compagnons trouvèrent place, il reprit cependant son fauteuil de membre de l'Académie des Sciences morales et politiques. Il rentra à l'Institut avec DAUNOU, TALLEYRAND, PASTORET, etc., et fit partie de la section d'Economie politique et statistique (1).

La maladie ne lui permit point d'assister aux séances, ce qui lui causa un gros chagrin. Sa santé devenait de plus en plus mauvaise. Il fut, en 1832, assez souffrant de la grippe, — raconte SAINTE-BEUVE, — pour que sa tête s'en ressentît.

Enfin, le lundi 20 juin 1836, il s'éteignit doucement, à l'âge de quatre-vingt-huit ans, un mois et dix-sept jours. Le *National* du 22 consacra sa première page à rappeler les principaux épisodes de la carrière politique du défunt.

Les obsèques eurent lieu, le mercredi 22, sans pompe et civilement, et le corps fut directement porté de la maison mortuaire, rue du Faubourg-Saint-Honoré, n° 119, au cimetière du Père-Lachaise. Parmi la foule qui était du convoi, on remarquait la plupart des survivants de l'époque fameuse et les collègues de SIEYÈS à l'Institut. On fit plusieurs discours sur la tombe.

---

(1) Par une ordonnance royale rendue le 21 mars 1816, il avait été exclu de l'Académie française. L'*Oracle*, dans son numéro 85, daté du lundi 25 mars 1816, fournit à ce sujet les renseignements qui suivent : « FRANCE. — *De Paris, le 20 mars.* — Quelques journaux ont donné une liste peu exacte des membres de l'Institut qui cessent de faire partie de cette société savante. La liste qu'on va lire est copiée sur l'état même de l'Institut : — *Première classe :* MM. MONGE, CARNOT. — *Deuxième classe :* MM. GARAT, CAMBACÉRÈS, MERLIN, SIEYÈS, ROEDERER, ARNAULT, REGNAULT, BASSANO, MAURY, ETIENNE, Lucien. — *Troisième classe :* MM. GRÉGOIRE, LAKANAL, Joseph BUONAPARTE. — *Quatrième classe :* M. DAVID ».

Voici en quels termes la presse bruxelloise rendit compte de ces événements :

FRANCE.

Paris, 21 juin.

M. SIEYÈS est mort hier, âgé de 88 ans. L'abbé SIEYÈS, tour à tour membre de la Constituante et de la Convention, directeur et consul de la République, a joué, comme chacun sait, un grand rôle dans la première Révolution. Depuis plusieurs années, il avait perdu l'usage de presque toutes ses facultés intellectuelles (1).

FRANCE.

Paris, 21 juin.

M. SIEYÈS, ancien membre de l'Assemblée constituante et de la Convention, tour à tour directeur et consul de la République, comte et pair de l'Empire, membre de l'Institut, est mort hier, 20 juin, dans sa demeure, rue du Faubourg-Saint-Honoré, 119. M. SIEYÈS était âgé de 88 ans. Proscrit par la Restauration comme régicide, M. SIEYÈS s'était réfugié en Belgique. La Révolution de Juillet lui a rouvert les portes de la France, et il a pu finir ses jours sur le sol natal.

Ses obsèques auront lieu mercredi, 22, à onze heures précises. Sa famille annonce que le convoi se rendra directement de la maison mortuaire au cimetière du Père-Lachaise.

[Constitutionnel] (2).

FRANCE.

Paris, 23 juin.

Le convoi de l'abbé SIEYÈS est parti hier matin de la maison mortuaire et s'est dirigé vers le cimetière de l'Est. Un grand

(1) Le *Belge*, journal quotidien, n° 176, daté du vendredi 24 juin 1836.

(2) Le *Journal de la Belgique*, n° 176, daté du vendredi 24 juin 1836.

nombre de citoyens notables suivaient le cortège, qui a parcouru tous les boulevards. Les coins du poêle étaient portés par MM. SIMÉON, MIGNET et DE BASSANO, tous membres de l'Académie des Sciences morales et politiques, dont M. SIEYÈS était membre aussi. C'est à ce titre que M. SIMÉON, lorsque le convoi fut parvenu au champ du repos, a prononcé un discours sur la tombe qui allait pour jamais recouvrir les dépouilles de M. SIEYÈS.

Sur l'invitation du plus proche parent du défunt, M. CAUCHOIS-LEMAIRE a prononcé les paroles suivantes :

« Au nom de SIEYÈS se rattachent de grands souvenirs, devant lesquels s'effacent les émotions ordinaires en ces tristes solennités. Dans cet homme tout logique, une idée se personnifie, une de ces idées fécondes qui changent la face des empires. Un jour, c'était en 89, SIEYÈS donna au problème social de l'époque une solution qui nous paraît bien simple aujourd'hui, et qui est, en effet, une de ces révélations dont le ciel ne favorise que le génie. Il déclara que le prétendu Tiers Etat, qui n'était rien de fait, était tout de droit, était la Nation même, l'Etat entier; et cette déclaration fut une découverte aussi puissante, aussi vaste dans ses résultats, que la découverte des deux Amériques, de l'imprimerie, de la vapeur, ou des lois qui régissent le système céleste.

» C'est à lui que l'on doit la constitution des Etats-Généraux en Assemblée nationale, l'institution de la liberté armée en garde nationale, et il se garda d'omettre la base, trop négligée de notre temps, la base de l'édifice représentatif, l'organisation des communes; il apprécia le jury comme la seule importation britannique digne de la France régénérée; il envisagea la presse comme un droit naturel qui ne devait être limité que par l'intérêt social.

» Mais il nous faudrait faire un cours de théorie publique et d'histoire, un cours immense, si nous voulions poursuivre dans ses détails l'énumération et l'application des idées de SIEYÈS. Un mot suffit à sa gloire; il devina, il comprit la Révolution; il fut un des législateurs qui l'ont fondée.

» Que s'il sembla fléchir, de complicité avec la Nation presque entière, sous l'ascendant de Napoléon, s'il s'éclipsa derrière l'astre impérial, n'imputons point, pour être justes, à une prudence ambitieuse les torts d'une nécessité universelle; mais faisons la part de cette raison méditative, de cette sagacité prévoyante qui subit une dictature glorieuse et momentanée pour se soustraire, avec le pays, à l'orage destructeur de l'anarchie, et attendre le retour d'une saison plus favorable.

» SIEYÈS est du nombre de ceux qui l'ont, pendant quinze ans, attendue dans l'exil. C'est là que, dans une bizarre communauté de proscription, j'ai eu le bonheur de le connaître, de recevoir ses conseils, quelquefois ses encouragemens; c'est là que j'ai pu apprendre que, chez lui, l'intelligence n'absorbait pas toutes les facultés du cœur, que le strict logicien était un homme qui savait sentir, et qu'après tout, sa logique se réduisait en institutions assez utiles, assez largement humaines pour qu'on lui pardonnât la froideur un peu mathématique de ses apparences et de son idiome » (1).

FRANCE.

Paris, 24 juin.

De ce que le corps de M. SIEYÈS n'a pas été présenté à l'église, il ne s'ensuit pas que l'ancien vicaire général du diocèse de Chartres ait refusé à son heure dernière les secours de la religion; il paraît, au contraire, que le grand métaphysicien qui avait déserté la chaire pour la tribune révolutionnaire, n'a pas été exempt, à son dernier moment, du célèbre doute de MONTAIGNE; M. SIEYÈS a voulu se réconcilier avec l'Eglise, et communication en a été faite à l'archevêque de Paris. Le prélat a répondu que M. SIEYÈS, ayant renoncé pendant une grande partie de sa vie aux fonctions du saint ministère, pour se séculariser de sa propre autorité, se trouvait dans un cas réservé, et qu'en conséquence, il ne pouvait se rendre auprès de lui pour lui administrer les sacremens, à moins

(1) Le *Journal de la Belgique*, n° 178, daté du dimanche 26 juin 1836.

d'une abjuration solennelle du passé; l'archevêque a même touché un peu la question du vote régicide de SIEYÈS, de manière à rencontrer, et dans le mourant, et dans sa famille, de sérieuses difficultés. Au reste, il n'a point exprimé le désir, avant d'expirer, de n'être point présenté à l'église, ce sont les parens qui ont jugé à propos de ne pas s'exposer à la possibilité du second refus (1).

Le 25 juin, le roi Louis-Philippe échappait à un attentat criminel dirigé contre sa personne, et, dès ce moment, l'attention publique, à Paris, se concentra tout entière sur ce seul objet.

Dans le vaste cimetière parisien, l'ex-abbé repose maintenant au milieu des membres de sa famille, de ses neveux et nièces enlevés peu après lui, et de ses petits-neveux que la mort, ensuite, a successivement fauchés. Un monument, d'aspect sévère, se dresse sur la dalle qui recouvre ses cendres. Aucune épitaphe pompeuse, pas d'énumération solennelle de titres et de fonctions. Au frontispice du tombeau, on lit un seul nom :

SIEYÈS.

Et une petite plaque de marbre, à l'intérieur, porte cette courte inscription :

EMMANUEL-JOSEPH SIEYÈS,
NÉ LE 3 MAI 1748,
MORT LE 20 JUIN 1836 (2).

(1) Le *Journal de la Belgique*, n° 179, daté du lundi 27 juin 1836.
(2) NETON, ouvrage cité, pages 456-457.

IV

La maison de la rue de l'Orangerie

Nous ferons connaître, pour terminer, le sort ultérieur de l'immeuble où l'ancien conventionnel coula les années de son exil.

*
* *

Quand SIEYÈS et les siens eurent quitté Bruxelles, on mit l'habitation à louer comme maison de rentier. Elle fut prise à bail par une dame veuve BILLE, née Barbe IPPERSIEL. Les registres du recensement opéré à Bruxelles en 1835, renseignent que cette personne y résidait alors avec ses trois filles célibataires : Jeanne, Barbe et Dorothée BILLE, une sous-locataire et deux servantes (1).

Le comte SIEYÈS, aux termes de son testament olographe, daté de Bruxelles, le 1er juillet 1827, — confirmé par un second testament de même espèce et daté de Paris, le 25 février 1832, — avait institué son neveu Ange légataire universel de ses biens. Après le décès, les deux testaments furent enregistrés ensemble à Paris, le 21 juin 1836, et déposés au rang des minutes de Me PATINOT, notaire en cette ville. Enfin, une ordonnance du président du tribunal civil de première instance de la Seine, en date du 23 juin suivant, envoya le légataire en possession de l'hérédité.

(1) *Archives communales de la ville de Bruxelles.*

Ange SIEYÈS resta propriétaire de la maison de Bruxelles pendant quatre ans encore. Celle-ci, dans cet intervalle, continua d'être louée à la veuve BILLE, — qui y décéda en 1838 (1), — puis fut reprise par ses filles.

La vente de l'immeuble eut lieu de gré à gré, suivant acte reçu, le 30 décembre 1840, par Me Théodore-Michel-Joseph SCHOETERS, notaire à Bruxelles. Ledit acte (2) constate que, devant le notaire prénommé, « comparut M. François-Louis ANSPACH, négociant, demeurant à Bruxelles, rue des Dominicains, numéro vingt-sept, — agissant pour et au nom de M. Ange SIEYÈS, ancien officier supérieur, propriétaire et officier de la Légion d'honneur, demeurant à Paris, rue d'Angoulême-Saint-Honoré, numéro dix-huit, en vertu des pouvoirs lui donnés par sa procuration passée devant Maître Jacques-François VERHAEGEN, notaire à Bruxelles, le vingt-sept juillet mil huit cent quarante, enregistrée le surlendemain, laquelle demeurera jointe aux présentes en brevet, — lequel a déclaré, en sadite qualité, vendre par les présentes, avec promesse de toute garantie de droit, à Mlles Jeanne-Josèphe BILLE, Barbe-Louise-Alexandrine BILLE, toutes deux institutrices, demeurant à Bruxelles, rue de l'Orangerie, numéro quinze, et

(1) Extrait des registres de l'état civil : « *Ville de Bruxelles.* — N° 2540. — Du douzième jour du mois de juin mil huit cent trente-huit, à neuf heures du matin : Acte de décès de Barbe-Louise-Alexandrine IPPERSIEL, sans profession, décédée le dix de ce mois, à cinq heures du soir, âgée de septante-neuf ans, onze mois, vingt-six jours, née à Bruxelles et y domiciliée, *rue de l'Orangerie*, veuve de Pierre-Joseph BILLE, fille de Jean-Charles IPPERSIEL et de Cornélie-Marie VAN SCHOREN, décédés ».

(2) Il fait partie actuellement des minutes de Me GROSEMANS, notaire à Bruxelles.

Dorothée BILLE, sans profession, demeurant à Paris, rue d'Angoulême-Saint-Honoré, numéro dix-huit (1), ce accepté par mesdites demoiselles Jeanne-Josèphe, Barbe-Louise-Alexandrine et Dorothée BILLE, cette dernière représentée par sa sœur, Jeanne-Josèphe BILLE, agissant tant en vertu de la procuration passée devant ledit notaire VERHAEGEN, le quatre août mil huit cent quarante, enregistrée le lendemain, laquelle restera annexée en brevet aux présentes, qu'en son nom propre, — une maison avec toutes ses ap- et dépendances, située à Bruxelles, rue de l'Orangerie, cotée primitivement numéro deux cent dix-neuf, *primo*, ensuite cent vingt-neuf, et, enfin, cent et treize de la septième section et numéro quinze de la rue ».

Voici les clauses de l'acte qui sont de nature à intéresser notre récit :

— Les demoiselles BILLE reconnaissaient que le sieur ANSPACH leur avait remis les titres de propriété se trouvant en la possession du vendeur.

L'entrée en jouissance était fixée au jour de la vente.

Le bien était cédé comme quitte et libre de tous privilèges et de toutes hypothèques judiciaires, conventionnelles et légales, le mandataire du vendeur affirmant que celui-ci n'avait jamais été chargé de tutelle.

Outre les frais de la vente, les acquéreuses devaient acquitter, à partir du 1er janvier 1841, la contribution foncière et les autres impôts de toute nature dont l'immeuble serait grevé.

(1) Elle habitait donc chez Ange SIEYÈS, probablement en qualité d'institutrice des enfants.

Le prix de vente était fixé à la somme de 24,000 francs, que le sieur ANSPACH déclarait et reconnaissait avoir reçu des demoiselles BILLE, l'acte servant à cet égard de quittance.

Enfin, le mandataire ANSPACH s'obligeait à faire ratifier le contrat par son mandant et par l'épouse d'icelui, et à faire garantir la cession par ladite dame, qui devait renoncer, à cet effet, à son hypothèque légale résultant de ses droits matrimoniaux contre son mari, en tant que cette hypothèque pourrait concerner la maison vendue. —

Les demoiselles BILLE ne possédaient point la totalité de la somme de 24,000 francs qu'elles versaient ainsi à l'héritier du comte SIEYÈS. Le même acte porte qu'elles avouent avoir présentement reçu, à titre de prêt à intérêt, de la Société anonyme dite *Caisse hypothécaire*, établie à Bruxelles et représentée par son administrateur, une somme de 16,000 francs, destinée à parfaire le prix payé par elles. Et elles promettaient de rembourser le prêt dont s'agit à cette Société, — dûment subrogée dans les droits et privilèges du vendeur, — en un délai de quarante ans, à raison de quatre-vingts payements de fr. 484.80 chacun, de six en six mois, à compter du 15 décembre 1840.

On voit que le neveu de SIEYÈS réalisa un notable bénéfice sur la vente en question, grâce à la hausse immobilière qui s'était produite à Bruxelles entre les années 1817 et 1840.

Désormais, le souvenir de l'exilé et de son séjour dans la rue de l'Orangerie allait rapidement disparaître de la mémoire des Bruxellois. Et, pendant un long espace de temps, nul ne devait plus remuer là, d'une main curieuse,

Ce tas de cendre éteint qu'on nomme le passé... (1)

* * *

Les trois sœurs Bille habitaient depuis vingt ans la maison achetée par elles (2) et se libéraient peu à peu de leur dette hypothécaire, quand un événement, d'ailleurs prévu, vint les priver de leur propriété à des conditions fort avantageuses. En 1859, l'Etat belge avait entrepris l'expropriation, pour cause d'utilité publique, de plusieurs immeubles situés à front de la rue de l'Orangerie, du côté gauche en venant par la rue Ducale, en vue du transfert à la rue de la Loi des ministères de la Justice et des Travaux publics. Des négociations s'étant engagées avec les demoiselles Bille, aux fins d'arriver à l'acquisition amiable de leur bien, sans formalités judiciaires, les parties ne tardèrent point à s'entendre, et leur accord fut constaté par un acte de cession fait en double à Bruxelles, signé par les venderesses le 30 novembre 1859 et par l'acheteur le 2 janvier 1860 (3).

Aux termes de ladite convention, les demoiselles Jeanne-Josèphe, Barbe-Louise-Alexandrine et Dorothée

(1) Victor Hugo, *Les Chants du Crépuscule.*

(2) Lors du recensement qui eut lieu en 1842, elles y furent inscrites, avec six locataires et deux servantes. *(Archives communales de la ville de Bruxelles).*

(3) Cet acte de cession a été transcrit le 13 janvier 1860, volume 2207, n° 50, à la conservation des hypothèques à Bruxelles.

Bille, sœurs, institutrices, domiciliées ensemble à Bruxelles, rue de l'Orangerie, n° 15, stipulant conjointement et solidairement, déclaraient vendre, céder et abandonner à l'Etat belge, acceptant par M. Liedts, ministre d'Etat, gouverneur de la province de Brabant, sous réserve de l'approbation du ministre des Travaux publics, une maison à trois étages, avec cour, appendices et dépendances, bâtie sur un fonds d'une étendue superficielle de deux cent vingt-deux mètres, située à Bruxelles, rue de l'Orangerie, actuellement cotée numéro 15 dans la septième section et faisant l'objet du numéro 118 du cadastre, — immeuble figurant sous le numéro premier au tableau et au plan des biens à emprendre pour la réalisation des travaux d'utilité publique projetés.

Après avoir rappelé l'origine de la propriété, l'acte dispose que celle-ci est cédée comme quitte et libre, sauf les sommes encore dues sur l'emprunt contracté à la *Caisse hypothécaire,* — et que cette dette reste à la charge des venderesses, lesquelles destinent à la liquidation et au remboursement du prêt une partie du prix convenu à l'occasion de la présente vente.

Les demoiselles Bille s'obligeaient à faire la remise effective de la maison à l'Etat au plus tard le 1er mai 1860, sans aucune exception ni réserve, sauf qu'elles conservaient la faculté d'enlever à leur profit, sous leurs risques et périls, avant l'époque indiquée pour la remise, les glaces attachées aux murs, — et elles s'engageaient, en outre, à garantir l'acheteur contre toutes prétentions ou réclamations quelconques de la part des locataires qui pourraient occuper l'habitation en totalité ou en partie.

Le prix de vente était fixé à la somme de 46,000 francs, toutes indemnités comprises. Il devait être payé aux venderesses ou versé en leur nom à la caisse des dépôts et consignations, sur la production d'un certificat constatant la complète liberté hypothécaire de l'immeuble. L'Etat se chargeait, à partir du jour de son entrée en jouissance, de la contribution foncière et de la redevance due à la ville de Bruxelles à raison de la prise d'eau attachée à la maison vendue.

La cession qui précède fut approuvée par le ministre, M. Jules Vandersttichelen, le 3 janvier 1860. Postérieurement, l'Etat se mit en possession du bien et en fit démolir les constructions pour exécuter les travaux concernant les hôtels ministériels. Enfin, aux termes d'un arrêté en date du 27 novembre 1866, le collège échevinal de Bruxelles ordonna la suppression du numéro 15 de la rue de l'Orangerie.

*
* *

Aujourd'hui, l'ancienne artère de ce nom, — entièrement reconstruite et fermée à ses deux extrémités par des grilles, — est devenue la rue Henri-Beyaert, où l'on ne voit plus que des bureaux dépendant de l'Administration centrale. Et le terrain sur quoi s'élevait jadis la demeure de Sieyès, — le dernier survivant parmi les grandes figures du personnel de la Révolution, — est couvert par un sombre bâtiment officiel, qui forme une annexe du ministère des Finances et qui porte le numéro 7 de la voie publique nouvelle.

Septembre 1909.

APPENDICE

Les promenades publiques à Bruxelles en 1817 (1)

... Il y a longtemps que je vous aurais parlé des promenades, mais des pluies continuelles m'avaient jusqu'à ce jour empêché de les parcourir. Hier enfin, je profitai d'un beau jour, chose assez rare en ce pays. J'allai prendre en passant M. L***, à qui l'on m'avait recommandé, et qui eut la complaisance de m'accompagner partout. M. L*** est le promeneur le plus infatigable que je connaisse. Sous l'apparence de la bonhomie, il cache une pénétration qui me fut très utile. Les observations faites en courant ne sont jamais justes, à moins d'être dirigées par un homme qui a observé toute sa vie.

« Allons d'abord au Parc, me dit-il; c'est la promenade la plus charmante et la plus fréquentée de Bruxelles. — J'en ai souvent entendu parler avec éloge; mais les récits des voyageurs les plus sincères sont toujours si fort au-dessous de la vérité, même quand ils ne sont pas hors de la vérité. — Ne craignez rien, il n'en est pas de notre Parc comme de certains individus célèbres; sa réputation ne vaut pas mieux que lui. »

Nous escaladâmes la *rue de la Magdeleine.* « Ce n'est point, me dit M. L***, la rue la plus agréable de Bruxelles. Dans des jours d'été, le pavé est si glissant, qu'il n'y a guère que les chevaux de fiacres qui puissent le descendre. Pour peu que le vent souffle, le malheureux piéton est aveuglé par la poussière. L'hiver, les inconvéniens sont encore plus graves; la pluie qui tombe dans

(1) Extrait de l'ouvrage intitulé : *Nouvelle description historique, topographique et critique de Bruxelles, ou le guide de l'étranger dans cette ville,* par Ph. GIGOT, membre de la Société de Littérature de Bruxelles. A Bruxelles, chez Ad. STAPLEAUX, imprimeur-libraire de S. M. le roi des Pays-Bas et de S. A. R. le prince d'Orange, Marché-aux-Herbes, sect. 8, nº 286, 1817. — Pages 86 à 96.

cette rue étroite et qui descend de la colline escarpée qu'on appelle *Montagne-de-la-Cour* (1), forme bientôt un ruisseau, et, si la pluie dure seulement une heure, le ruisseau devient torrent. — Mais n'y aurait-il point de remède? — Sans doute, nous avons même, sur la propreté des rues, d'admirables règlemens, que l'on nous promet de faire exécuter bientôt... »

Nous arrivons sur la place Royale; la vue y est charmante. J'avais à ma droite le portique appelé *passage du comte-d'Argenteau* (2); à ma gauche, des bâtimens élevés, d'une architecture régulière; vis-à-vis de moi, l'église de *Caudenberg*, dont je vous parlerai bientôt; un peu plus loin, le Parc, qui montrait ses longues allées de verdure. La place Royale est une des plus anciennes de cette ville, mais ce fut en 1774 que Marie-Thérèse la fit réparer et embellir. Elle est formée par huit corps de bâtimens; aux quatre coins, elle est terminée par des arcades. Des bornes de grès sont placées de distance en distance le long des édifices, et des chaînes de fer en interdisent l'approche aux voitures. Ceux qui se pro-

---

(1) En 1817, la rue Montagne-de-la-Cour ne possédait pas encore de trottoirs. C'est ce qui résulte des deux articles suivants, publiés en 1819 par un journal bruxellois : 1° « ROYAUME DES PAYS-BAS. — *De Bruxelles, le 8 septembre*. — Dans un moment où la ville de Bruxelles s'embellit, dans toutes ses parties, avec une incroyable rapidité, il nous paraît que tout ce qui a un but d'utilité publique est fait pour être accueilli. Un de nos abonnés nous écrit, à l'occasion du nouveau pavage de la Montagne-de-la-Cour, qu'il serait bien à désirer d'y voir établir des trottoirs dans la forme de ceux qui existent rue Royale; si la dépense est trop forte, dit-il, qu'ils soient en briques, comme en Hollande. A cette occasion, il observe que l'immense ville de Londres jouit de cet avantage et que la plus grande partie des rues de la capitale de l'Angleterre ne sont pas plus larges que celles qu'on repave en ce moment. Non seulement, dit notre abonné, toutes les villes d'Angleterre ont des trottoirs, mais on entretient avec soin, sur les grandes routes, un petit chemin pour les piétons. A l'appui de son opinion, nous ajouterons que les magnifiques grandes routes construites en Espagne sous les règnes de Charles III et de Charles IV, ont aussi le même avantage ». (Extrait de l'*Oracle*, n° 252, daté du jeudi 9 septembre 1819). 2° « ROYAUME DES PAYS-BAS. — *De Bruxelles, le 24 septembre*. — Les embellissemens de cette résidence se poursuivent avec une activité sans exemple. Les travaux du pavement, à la Montagne-de-la-Cour, sont sur le point d'être terminés; la pente, si rapide, a été de beaucoup adoucie, et cet ouvrage présente à la fois l'utile et l'agréable, etc. » (Extrait de l'*Oracle*, n° 268, daté du samedi 25 septembre 1819).

(2) C'est à travers ce passage qu'on créa plus tard la rue de la Régence.

mènent à pied peuvent facilement faire le tour de la place sans craindre d'être écrasés : avantage que ne présentent pas les plus belles places de Paris. On voyait, au milieu, la statue de Charles-Alexandre, duc de Lorraine, sous le gouvernement duquel cette place a été construite, élevée en 1775; mais elle fut détruite pendant la Révolution, en 1792, ainsi que sa statue équestre qu'on voyait au-dessus de la maison des Brasseurs.

Nous entrons dans le Parc. « Il n'est encore que huit heures, me dit M. L***. C'est maintenant que les politiques s'y assemblent, pour discuter les intérêts de l'Europe et pour commenter les journaux. Ces trois hommes, que vous voyez assis sur un banc, se rendent ici tous les matins. Vous les rencontrerez toujours dans le même lieu, à la même heure, et occupés des mêmes entretiens. Le premier raconte les nouvelles qu'il a imaginées pendant la nuit: le second le contredit, parce qu'il a rêvé d'une manière différente. Le troisième concilie tout cela tant bien que mal, et va répandre dans la ville ce qu'il a entendu. Heureusement, l'esprit de politique commence à passer de mode; la guerre l'alimente, mais la paix le tue; chaque chose a son temps.

» Quelle est cette jeune femme qui traverse cette allée? Sa figure est modeste, ses yeux sont baissés; mais elle est seule, elle marche lentement..., elle attend *quelqu'un*... Celle-ci a une démarche plus aisée, elle sourit toujours, elle se retourne quelquefois..., elle attend *tout le monde*... — Vous n'épargnez personne, lui dis-je en souriant. — Il est des réputations auxquelles il est impossible de nuire... Mais le monde n'est pas encore venu, parcourons le Parc en attendant; nous irons ensuite déjeuner au Waux-Hall, et, à notre retour, vous trouverez la promenade aussi animée qu'elle est maintenant déserte.

» Y a-t-il longtemps que cette promenade existe? — Environ cinq cents ans. Ce parc faisait autrefois partie de la forêt de Soignes, mais il n'était point alors tel que vous le voyez aujourd'hui. C'était une vaste enceinte où la nature étalait au hasard ses beautés. Il renfermait des jardins immenses, des vergers, des parterres, des terrasses semblables à celle de Meudon. Dans ce vallon, presqu'entièrement comblé, on voyait alors des bassins, des grottes, des fontaines, un labyrinthe... Vers le nord, se trouvait la maison que Charles-Quint fit élever, et où il demeura depuis son abdication, en 1556, jusqu'à son départ pour l'Espagne. Mais, quoi qu'il en soit, le Parc, tel qu'il est aujourd'hui, est une des plus belles promenades de l'Europe ».

DELILLE a dit :

Je ne décide point entre KENT *et* LE NÔTRE.

Le Parc, à la majesté des jardins dessinés par LE NÔTRE, réunit les agrémens du genre irrégulier que KENT pratiqua avec tant de succès. Les allées se correspondent, mais, outre ces longs alignemens, où,

... jamais solitaire,
Chaque allée a sa sœur, et chaque arbre a son frère,

vous rencontrerez des bosquets, des massifs, des sentiers tortueux, où vous vous trouvez seul à vingt pas de la foule. Mais ces bosquets sont presque toujours déserts; on ne vient ici que pour voir ou pour être vu...

Les statues placées dans le Parc, et dont la plupart sont mutilées, n'ont rien de remarquable. Arrêtons-nous cependant devant celle-ci, sculptée par DUQUESNOY. Elle représente sainte Marie-Magdeleine, couchée sur un rocher. Ses cheveux sont épars, sa tête repose sur une de ses mains, et elle semble rêver douloureusement. La statue est placée dans un bosquet assez sombre : le site est heureusement choisi. Mais, comme ce monument n'est point dans une allée fréquentée, je doute qu'il soit bien connu, même des habitans.

Il y a quelques bassins dans le Parc. Celui-ci, au fond du vallon, a été visité par Pierre le Grand, comme l'indique cette inscription :

Petrus aquam illius fontis, libato vino, nobilitavit...

Le plus grand est placé au milieu du Parc. C'est de là que la vue est surtout magnifique : vous embrassez d'un coup d'œil le Parc dans toute son étendue. Vis-à-vis de vous, au bout de l'avenue, est le Palais de Justice; à l'opposé, la place Royale; à gauche, les édifices de la rue du Parc, et, par-delà, les regards s'étendent à deux lieues de distance dans la campagne, et embrassent un immense paysage. A droite, vous apercevez les remparts; malheureusement, ils masquent la vue, et, quelque agréable que soit cet aspect, il ne dédommage pas du coup d'œil dont on pourrait jouir, s'ils étaient abattus.

Nous allâmes déjeuner au Waux-Hall; c'est un des plus jolis cafés de Bruxelles, et, pourtant, c'est un des moins fréquentés (1). « Il y a dans la même enceinte, me dit M. L***, une salle de spectacle assez agréablement décorée. Malheureusement, on la néglige. — Il me semble, cependant, qu'une ville de quatre-vingt mille âmes pourrait bien entretenir deux théâtres... — A quoi cela servirait-il, quand le seul que nous ayons n'est presque jamais rempli ! »

Notre déjeuner terminé, nous sortîmes du Waux-Hall. « Il est onze heures, continua M. L***, voici le moment où ce qu'on appelle le beau monde se rassemble au Parc; il est temps d'y retourner ».

J'allais suivre de nouveau la grande allée d'où nous étions sortis pour entrer au Waux-Hall. « Ce n'est point la route qu'il faut prendre », me dit M. L***, et il me conduisit dans une allée assez étroite, que la foule commençait à remplir.

« C'est là, me dit-il, ce qu'on appelle la *belle allée;* c'est là qu'on est tacitement convenu de se rendre tous les jours, et à la même heure. Il y a dans Bruxelles des personnes qui n'ont peut-être jamais fait le tour du Parc. Un homme qui sait un peu vivre

---

(1) C'était une des plus grandes salles de café de la Belgique. Le public y était convié à des fêtes en été, comme il appert de l'annonce suivante : « WAUX-HALL DU PARC. — Le sieur CLÉMENT, à l'établissement du Waux-Hall, au Parc, se propose de donner des fêtes à l'occasion de la grande kermesse de Bruxelles. On trouve chez lui tous les jours toutes sortes de glaces et rafraîchissemens, qu'il vient de recevoir ». (*L'Oracle*, n° 187, daté du dimanche 6 juillet 1817, et n° 200, daté du samedi 19 juillet 1817).

doit nécessairement se montrer ici, et, comme il y a dans cette ville une foule de jeunes gens qui *savent vivre*, il en résulte qu'on est ici assez mal à son aise. « Je ne vous ai point vu à la *belle allée* », est le premier mot qu'on s'adresse le soir dans les réunions... Il est vrai que cette allée est assez étroite ; que l'on est forcé de pirouetter à chaque pas, pour ne pas heurter, ou pour ne pas être heurté ; n'importe, l'usage le veut ; que répondre à cela? N'avez-vous pas, à Paris, dédaigné longtemps les Tuileries et les Champs-Elysées, pour le boulevard *Coblentz*, où l'on était encore plus resserré qu'ici? — Oui, mais du moins, à Paris, un usage ridicule ne dure tout au plus qu'une saison ; au lieu qu'à Bruxelles... — Tant mieux, si nous suivons une coutume raisonnable, on peut espérer qu'elle durera longtemps. — Oui, mais en attendant... — En attendant, on se promène comme on peut. Si l'on sue, on s'essuie le front ; si l'on est fatigué, on s'assied ; si l'on s'ennuie, on se retire ; il y a remède à tout ».

Au bout d'un quart d'heure, nous prîmes chacun une chaise, et nous nous assîmes pour mieux observer. Je commençai par jeter les yeux sur les personnes qui étaient auprès de nous. Je prêtai l'oreille à la conversation de deux jeunes gens, qui discutaient avec beaucoup de chaleur sur le mérite... d'un cheval qu'ils venaient d'apercevoir dans la rue. « Encore une passion dominante, me dit M. L***, et les femmes elles-mêmes la partagent. On aime ici les chevaux avec fureur. L'équitation, dans la bonne société, n'est plus un objet d'agrément, c'est un talent indispensable. Je connais un jeune homme riche, d'une jolie figure, d'une tournure agréable. Il a négligé toute sa vie d'acquérir ce talent. Aussi dit-on de lui dans la société : il est aimable, mais *s'il savait monter à cheval!*

« Vous connaissez, poursuivit-il, ce vieillard qui passe devant vous. C'est le meilleur peintre que la France possède aujourd'hui... — Et il est banni de la France! — Un grand talent ne suffit pas pour expier de grandes erreurs (1).

(1) On a reconnu DAVID. — Le roi Guillaume se promenait quelquefois à pied dans le Parc. Des auteurs racontent que, lorsqu'il y rencontrait le peintre, il le saluait le premier.

Remarquez-vous comme la scène change insensiblement? Les habitans de Bruxelles quittent le Parc, où ils reviendront depuis sept heures jusqu'à la chute du jour. Les Anglais vont maintenant leur succéder. Le contraste n'est point sans intérêt, et je suis loin d'approuver les grotesques caricatures que l'on fait des modes de la Grande-Bretagne; il est ridicule de vouloir tout assimiler aux usages de son pays : voyez cette jeune Anglaise, par exemple; ces cheveux noirs qui tombent en boucles sur ses épaules, ce *spencer* qui dessine si bien les contours de sa taille, cette robe un peu courte qui laisse voir un pied charmant... Ces modes-là ne me paraissent pas du tout ridicules; une jolie femme embellit tout ».

Nous fîmes encore deux ou trois fois le tour du Parc. J'allai ensuite dîner en famille chez M. L***. Après le dîner, il me dit : « Vous avez vu la plus belle promenade qui soit dans l'enceinte de Bruxelles. Sortons maintenant de la ville... Nous nous rendrons à l'*Allée Verte;* le temps est superbe; tout Bruxelles y sera, partons ».

J'accepte sa proposition. Nous traversons la place de la Monnaie, nous passons la porte de Laeken, et nous arrivons.

L'*Allée Verte* a un bon quart de lieue de longueur; elle se compose de deux allées parallèles, et ombragées d'arbres superbes. Au milieu est le canal dont je vous ai déjà parlé, et, au-delà du canal, est encore une autre allée, ombragée également, mais d'arbres plus jeunes. Des deux côtés la vue s'étend sur une campagne riante et fertile, sur des hameaux, des bois, des vergers dispersés dans la plaine. Une foule immense remplissait les deux allées. Au milieu, des équipages magnifiques traversaient rapidement la route. « Je me croirais à Longchamps, dis-je à M. L***, mais votre Allée Verte me semble encore préférable. — Vous êtes juste du moins, me dit-il. Tous les Parisiens n'ont pas votre bonne foi. — Ce n'est pas la bonne foi qui leur manque; mais, pour se détacher de tous les préjugés nationaux, il faut avoir souvent quitté sa patrie; et, comme un homme de bonne foi n'est injuste que parce qu'il est trompé le premier, il n'y a plus d'injustice dès qu'il n'y a plus d'erreur ».

Nous nous promenâmes longtemps. M. L*** me conduisit au

Tivoli, qui n'est ni celui d'HORACE, ni même celui de RUGGIERI : la situation en est assez agréable ; on y boit, on y mange, on y fume, voilà tout ce que je puis vous en dire.

En revenant sur nos pas, je fus surpris d'une odeur fétide qui s'exhalait à l'entrée du canal. C'est là que l'on jette les cadavres de quelques animaux. Ce spectacle contraste désagréablement avec cette promenade, une des plus charmantes que j'aie visitées en ma vie.

. . . .

Explication des Planches

I

Portrait de Sieyès, peint par David à Bruxelles en 1817, et lithographié par Léon Noël.

II

Les deux maisons de la rue de l'Orangerie habitées par Sieyès, d'après le plan cadastral de Bruxelles dressé vers 1820. *(Archives communales de la ville de Bruxelles).*

III

Portrait de Sieyès, d'après une lithographie exécutée par Delpech et signée : Maurin, 1825.

IV

Portrait de Sieyès à l'époque de la Révolution française, d'après une gravure par Claessens.

www.ingramcontent.com/pod-product-compliance
Lightning Source LLC
LaVergne TN
LVHW020447230826
846091LV00004B/1572

* 9 7 8 2 0 1 1 9 4 5 0 5 1 *